本书受浙江立法研究院、浙江大学立法研究院
“数字化改革的法治保障”丛书项目资助

智慧法院建设
诉讼平台与规则

冯洋 著

Smart Court Construction
Litigation Platform And Rules

法律出版社
LAW PRESS · CHINA
北京

图书在版编目(CIP)数据

智慧法院建设：诉讼平台与规则 / 冯洋著. -- 北京：法律出版社, 2023
ISBN 978 - 7 - 5197 - 8290 - 0

Ⅰ. ①智… Ⅱ. ①冯… Ⅲ. ①法院－信息化建设－研究－中国 Ⅳ. ①D926.22 - 39

中国国家版本馆 CIP 数据核字(2023)第 170549 号

智慧法院建设
——诉讼平台与规则
ZHIHUI FAYUAN JIANSHE
—SUSONG PINGTAI YU GUIZE

冯 洋 著

责任编辑 冯雨春 李 军
装帧设计 鲍龙卉

出版发行 法律出版社
编辑统筹 法律应用出版分社
责任校对 王晓萍 王语童
责任印制 刘晓伟
经　　销 新华书店

开本 A5
印张 6.875 **字数** 210 千
版本 2023 年 9 月第 1 版
印次 2023 年 9 月第 1 次印刷
印刷 北京新生代彩印制版有限公司

地址:北京市丰台区莲花池西里 7 号(100073)
网址:www.lawpress.com.cn
投稿邮箱:info@lawpress.com.cn
举报盗版邮箱:jbwq@lawpress.com.cn

销售电话:010 - 83938349
客服电话:010 - 83938350
咨询电话:010 - 63939796

书号:ISBN 978 - 7 - 5197 - 8290 - 0
定价:52.00 元
凡购买本社图书,如有印装错误,我社负责退换。电话:010 - 83938349

目 录

第一章 绪 论

持续30多年的法院信息化改革不仅显著地改变了我国法院的面貌,也给法学界带来了丰富的研究课题。自2015年以来,智慧法院诉讼平台建设与诉讼规则的构建成为新时期法院信息化发展的核心目标。对该重大课题展开深入研究成为法学界不应回避的任务。本书的绪论部分阐释了研究背景和研究意义,并围绕核心的子课题总结现有的中英文研究成果,最后介绍研究方法和基本框架。

一、研究背景与研究意义

(一) 研究背景

自20世纪40年代以来,以计算机、互联网等信息技术为代表的第三次工业革命极大地推动了人类社会的发展,司法这一古老的领域也不例外。[①] 过去40年,我国充分利用信息革命的红利,经济社会取得了高速的发展。法院信息化建设是我国国民经济信息化建设的重要一环。自20世纪80年代中期以来,我国法院信息化建设取得了显著的成就,已经从法院专网建设跨越到线上全流程审判的阶段。随着法院信息基础设施的逐步完善,对于构建专门的涉网诉

① 关于人类社会裁判模式的历史变迁,参见邓子滨:《诉讼模式如何影响审判结果》,载《读书》2019年第6期,第61~70页。

讼规则的需求也越来越强烈。在物联网、大数据、5G、人工智能等信息技术飞速发展的当下,我国及时提出了建设智慧法院的战略。法院的信息化、智能化建设的实践已成为一个重大的理论与实践课题,理应进行全面、深入的研究。

1. 数字化、平台化是当前国民经济与社会发展的重要特征

2019 年,英国宣布发行面值为 50 英镑的新款纸币。在此之前的 50 英镑纸币所印人物是第一次工业革命时期改良蒸汽机的发明者瓦特和博尔顿。新版纸币上的人物是计算机科学的开创者图灵,将他印在纸币上是为了纪念他对现代人类社会所做的重大贡献。[①] 纸币所印人物的变化反映了时代的变迁。以对人类社会的塑造力度衡量,以计算机、互联网的发明为标志的信息革命超越了以蒸汽机和电力的发明为标志的传统工业革命。实际上,从信息的角度来看,人类的演进史就是收集、存储、交换和利用信息的历史。近代以来,随着科技的快速发展和知识积累的加速,各国迫切需要寻求更为快捷的信息交换和计算技术。1946 年,美国宾夕法尼亚大学的科学家发明了世界上第一台电子数字计算机,这标志着信息革命的启动。20 世纪 70 年代微型处理芯片的问世和 90 年代互联网的普及则深化了第四次工业革命。[②] 如今新一代信息技术发展迅猛,呈现加速改造社会经济各领域的态势。数字经济成为发展最迅速、创新力度最强、辐射经济社会范围最广的经济形态,其推动经济社会发展的作用日益凸显。

我国政府较早地意识到了信息化对于推动经济社会发展的重

---

① See Amie Tsang, *Britain's £50 Note Will Honor Computing Pioneer Alan Turing*, New York Times, 15 July 2019.

② 周宏仁:《新中国信息化成就综述》,载《电子政务》2009 年第 10 期,第 8 页。

大意义。1956年国务院制定的《1956—1967年科学技术发展远景规划纲要》将研制电子计算机列为重点任务。20世纪60～70年代，我国已成功研制出百万次集成电子计算机。虽然当时我国电子计算机的运用范围较小，但其影响不可低估。至20世纪70年代末，我国已初步形成微电子、通信等产业。[①] 改革开放以来，国民经济信息化成为我国持续时间最长、效果最为显著的战略性改革。截至2018年年底，我国已建成世界最大规模的光纤传输网络。改革开放以来，我国信息技术的应用水平快速提升，信息产业得到长足发展，信息技术同传统工业、农业的融合持续深化。2021年，我国数字经济规模为45.5万亿元人民币，同比名义增长16.2%，高于同期国内生产总值名义增速3.4个百分点，占国内生产总值比重达到39.8%，数字经济在国民经济中的地位更加稳固、支撑作用更加明显。[②]

我国政府的数字化建设是国民经济信息化发展的重要内容。我国政府的数字化建设起步于改革开放初期。到“七五计划”(1986～1990年)末，我国多数中央部委相继建立了信息中心，部署的大中型计算机有1300多台，微型计算机3万多台，另外还建立了170多个数据库。[③] 自20世纪90年代末以来，我国全面推进“政府上网”工程，电子政务的发展进入快车道。2006年国务院发布《2006—2020年国家信息化发展战略》对电子政务的未来发展进行了全面系统的规划。电子政务开始呈现横向贯通、纵向协同的一体化发展趋势，有力地促进了行政体制的改革和服务型政府

---

① 参见周宏仁：《新中国信息化成就综述》，载《电子政务》2009年第10期，第7～18页。

② 参见中国信息通信研究院：《G20国家数字经济发展研究报告(2017年)》，载中国信通院网，http://www.caict.ac.cn/kxyj/qwfb/bps/201804/t20180426_158496.htm。

③ 参见翟云：《改革开放40年来中国电子政务发展的理论演化与实践探索：从业务上网到服务上网》，载《电子政务》2018年第12期，第81～83页。

的建设。[①] 自2012年以来,电子政务建设朝着“全流程一体化在线服务”“让群众只跑一次”等方向持续前进。2019年党的十九届四中全会决定将推进数字政府建设作为优化政府职责体系的重要措施。未来几年,我国政府数字化、智能化建设将迎来新一轮的发展。

随着互联网的普及和大数据技术的快速发展,网络平台作为一种独特的虚拟实体开始成为引领社会经济发展的新引擎,也成为推动行政和司法改革的新动力。与传统的服务模式相比,网络平台在规模和效率上具有显著的优势,因而近十几年来平台化的现象几乎在所有的行业中逐步显现,深刻地改变了经济、社会和行政的面貌。目前网络平台并没有一个权威的定义。有学者认为,网络平台是一个网络系统,由基础设施、组件通信协议和平台用户之间的交互规则构成。网络平台在社会经济运行中处于枢纽位置,已经成为人们日常生活和社会经济中不可缺少的一部分。[②] 网络平台的兴起在经济领域最为显著。随着互联网功能的拓展与商业模式的演变,市场中产生了大量以商品交易为主业的电商平台,其通过链接各方主体,为商品交易提供空间,交易平台的发展也成为一种独特的经济现象,即平台经济。[③] 作为市场主体的网络平台通过互联网和大数据技术,以前所未有的规模和效率集聚市场资源,并利用复杂算法促使平台各类参与者之间完成信息交流和交易。无论是美国的亚

---

① 参见周宏仁:《中国信息化和电子政务的发展》,载《中国信息界》2010年Z1期,第7~8页。

② 参见段文奇、于林海:《网络平台再设计的动机、战略和措施研究》,载《图书馆学研究》2009年第9期。

③ 参见李强治:《方兴未艾的互联网平台经济》,载《人民邮电报》2016年4月22日,第3版。

马逊、脸书、优步,还是中国的阿里巴巴、腾讯、滴滴,平台企业都在两国的经济领域深刻地推进了产业的革命。尽管互联网平台作为市场主体产生了诸多新问题,如垄断、算法黑箱、劳动者权益保障不足等,但经济领域的平台化现象已不可阻挡,成为相关政策制定和立法必须要考虑的重要因素。[①]

通过建设一体化公共服务平台来推进行政与司法的质效已成为西方国家和我国改革者共同的政策选择。时任美国总统奥巴马签署了《开放和透明政府备忘录》,要求建立更加开放、透明、参与协作的政府,该备忘录体现了美国政府对开放数据的重视。2009 年 12 月,美国行政管理和预算管理局为了落实《开放和透明政府备忘录》,发布了《开放政府指令》,指示各机构通过平台打开大门为美国公众提供数据,美国开放政府数据运动由此展开。[②]各国开放政府数据运动已成潮流。在这场蓬勃发展的开放政府数据运动中,政府扮演着举足轻重的角色,政府既是数据的提供者,同时是开放数据的领导者、催化者以及使用者。[③]近年来,我国一些省级政府开始大力推进政府数字化改革,打造统一的公共数据平台成为推动数字化改革的重要内容。数字化改革进入系统融合、综合集成的"整体智治"阶段。公共数据平台建设成为打造"整体智治"现代政府的关键环

① 参见张江莉:《互联网平台竞争与反垄断规制 以 3Q 反垄断诉讼为视角》,载《中外法学》2015 年第 1 期,第 264 ~ 279 页;陈景辉:《算法的法律性质:言论、商业秘密还是正当程序?》,载《比较法研究》2020 年第 2 期,第 120 ~ 132 页;丁晓东:《平台革命、零工经济与劳动法的新思维》,载《环球法律评论》2018 年第 4 期,第 87 ~ 98 页。

② See Jeffrey Thorsby, Genie N. L. Stowers, Kristen Wolslegel, Ellie Tumbuan, *Understanding the Content and Features of Open Data Portals in American Cities*, Government Information Quarterly 34(2017), p. 53 – 61.

③ See Luciana Cingolani, *The Survival of Open Government Platforms: Empirical Insights from a Global Sample*, Government Information Quarterly 38 (2021), p. 1 – 12.

节,其不仅是破除数字壁垒、实现流程再造和互联互通的前提条件,更是数字经济发展和深化"最多跑一次"改革的重要保障。

2. 法院的信息化和平台化建设独具特色

法院系统的信息化是电子政务改革中启动较早、持续时间最长、效果最为显著的改革。20 世纪 80 年代个别地方的法院尝试部署微型计算机用于司法统计、法院管理和审判辅助等工作。不久之后,主要出于司法统计的需要,各级法院加快了微型计算机的部署速度。截至 1994 年,全国法院系统已配备计算机 1500 余台。至 20 世纪 90 年代末,全国三级法院已基本实现微型计算机的普及,显著地提高了法院的工作效率。①

从 20 世纪 90 年代中期起,我国法院不仅将计算机作为文字处理的工具,还将其视为数据流动的终端。搭建法院内部局域网成为之后较长时期内法院信息化建设的核心任务。法院建设局域网的过程大致可以分为三个持续发展的阶段。

第一,法院信息化 1.0 阶段(1996 ~ 2007 年)。在这一阶段,中级、高级法院纷纷组织力量搭建本单位的内部局域网。至 2001 年,上海、北京、辽宁、广东等省市的高级人民法院和中级人民法院相继开展本单位的局域网建设。至 2007 年,全国 31 家高级法院、多数中级法院和约半数的基层法院已建设完成本单位的局域网,其中最高人民法院的局域网同各高级人民法院的局域网基本实现了互联,21 个省实现了本省高级法院同辖区内中级法院的互联。②

第二,法院信息化 2.0 阶段(2007 ~ 2016 年)。这一阶段的主要

---

① 参见陈健:《司法公正与法院信息化》,载《中国计算机用户》1999 年第 22 期,第 49 页。

② 参见王世民:《稳步推进信息化在审判工作中的全面应用》,载《人民司法》2007 年第 17 期,第 65 页。

进展在于在基层法院普及局域网。在最高人民法院、高级法院和中级法院的局域网完成互联后,3000 多家基层法院就成为信息化建设的重点对象。从 2005 年开始,最高人民法院着力解决基层法院数字化程度不足的问题,试图在较短的时间内搭建起覆盖全国基层法院的三级专网。最高人民法院于 2007 年提出要在三年内基本完成覆盖全国各级法院的业务专网的建设。[①] 此后,基层法院数字化建设开始加速,并一直持续到 2015 年。2011 年最高人民法院发布的《关于新形势下进一步加强人民法院基层基础建设的若干意见》指出,应在经费、技术、人力资源等方面向基层法院倾斜,着力推进信息化在过程管理、质效评估、远程审判等领域的应用,同时加强基层法院和人民法庭局域网络的建设。至法院信息化 2.0 阶段的后期,基层法院联通上级法院的三级专网已基本建成。2013 年年底,最高人民法院发布的《人民法院信息化建设五年发展规划(2013—2017)》宣布,我国各地中级法院和基层法院基本完成了本单位专网的建设。2015 年最高人民法院宣布已实现全国 3512 个人民法院局域网的全联通。[②]

第三,法院信息化 3.0 阶段(2016 年至今)。如果说前两个阶段的信息化工作主要是搭建全国法院系统"一张网"的基础设施,那么从 2016 年启动的法院信息化 3.0 建设则将建设重点放在推进先进信息化系统的司法业务运用,提升审判工作质效上。信息化基础设施的建成,为后续开展法院之间的数据共享交换和业务协同提供了前提。这一时期,各地法院纷纷开展前沿信息化应用的研发,旨在

---

① 参见《最高人民法院关于全面加强人民法院信息化工作的决定》,载最高人民法院网 2007 年 7 月,https://www.chinacourt.org/article/detail/2007/08/id/259989.shtml。

② 参见最高人民法院:《中国法院的司法改革》,人民法院出版社 2016 年版,第 41 页。

提升司法信息公开、诉讼服务、司法统计、监控预警和绩效评估等领域的信息化水平。

法院专网的搭建和先进信息系统的应用显著地提升了法院审判管理工作的质效。但是分散式的系统建设模式尽管在较短的时间内实现了信息化的目标,但是也产生了诸如信息系统"烟囱化"重复建设、数据孤岛等问题,阻碍了法院更大程度地利用大数据和人工智能提升审判工作。从2013年起,我国法院的信息化建设进入大规模平台建设的时期,体现为系统融合、综合集成,旨在破除数字壁垒、实现流程再造和互联互通。这一时期的重要成果是通过全国统一平台实现裁判文书公开。裁判文书网开通后,上网的司法文书数量快速增加。截至2015年12月底,该平台已公开1450余万份文书,公开文书数量占同时期办结案件数量的比例约为50%。[①] 2016年最高人民法院修订《关于人民法院在互联网公布裁判文书的规定》,确认裁判文书网是统一公布裁判文书的平台,并对裁判文书上网的范围和流程进行了规范。到2018年3月,裁判文书网公布的文书总量已超过4200万份,访问量接近140亿次。[②] 截至2023年4月1日,裁判文书网公布的文书总量达1.39亿篇,访问总量超1000亿次。裁判文书网已成为世界最大的法院裁判文书公开平台,支撑该平台的数据库成为全球最大的司法大数据库。

3. 智慧法院诉讼平台与规则构建的重要意义

自2011年以来,以计算机深度学习为代表的人工智能发展浪潮开始兴起。我国政府敏锐地认识到人工智能浪潮是我国实现现代

① 参见马超、于晓虹、何海波:《大数据分析:中国司法裁判文书上网公开报告》,载《中国法律评论》2016年第4期,第195~246页。

② 参见陈羽:《中国法院信息化3.0版主体框架已确立》,载《人民日报》2018年3月27日。

化的重要机遇。2017 年 7 月，国务院发布《新一代人工智能发展规划》，该文件是我国发展人工智能产业的重要指导性文件。根据该规划的要求，到 2025 年人工智能将成为推动我国产业更新和经济结构转型的核心动力，到 2030 年我国将成为全球人工智能创新的主要中心之一。人工智能不仅在我国商业领域获得越来越广泛的应用，该技术也开始同政府的运行相融合。上述规划提出要推进社会治理的智能化，这包括智能政府、智慧社区和智慧法院建设等。2017 年 1 月国务院发布的《"十三五"市场监管规划》提出了"智慧监管"的理念。该规划要求：（政府有关部门）适应新一轮技术革新和经济社会产业变革的大趋势，适应企业在新兴市场中活跃发展的客观要求，充分发挥信息技术在市场监管中的作用，依托互联网、大数据打造市场监管平台，推动"互联网 + 监管"，提高市场监管的智能化水平。随后，诸如"城市大脑"、平台企业数据报送等相关实践开始启动并快速发展。①

法院的智能化是我国社会治理智能化建设的重要组成部分，也是启动最早、推进最为迅速的环节。② 2017 年 4 月，最高人民法院发布了《关于加快建设智慧法院的意见》，对智慧法院的建设进行了全面、系统的规划。该意见指出，建设智慧法院，就是要构建网络化、阳光化、智能化的人民法院信息化体系，支持全业务网上办理，全流程审判执行要素依法公开，面向法官、诉讼参与人、社会公众和政务部门提供全方位智能服务。从提供智能司法服务方面看，该意见要求各级法院持续提升文书自动生成、自动纠错及法律依据智能推送

---

① 参见刘权：《论网络平台的数据报送义务》，载《当代法学》2019 年第 5 期，第 3 ~ 12 页。

② 参见芦露：《中国的法院信息化：数据、技术与管理》，载《法律和社会科学》2016 年第 2 期，第 22 ~ 25 页。

能力，庭审语音自动录入、辅助信息智能填充及实时推送能力，电子卷宗自动识别、快速语义分析和案情研判能力，为法官办案、提高审判质效提供有效支持。

近年来，智慧法院的建设已在全国范围内展开。各地法院积极开展智能装备的研发和应用，出现了一些效果良好的智能应用，例如河北省高级人民法院于2017年集中力量研发的“智审系统”、上海市高级人民法院联合科大讯飞研发的“刑事案件智能辅助办案系统”和苏州市中级人民法院建设的“电子卷宗+语音识别”应用等。[①] 2017年起，杭州、广州和北京三地相继成立互联网法院，成为探索智慧法院的重要力量。从受案类型来看，互联网法院的定位是专门审理涉网案件的试点法院，但从更高的视角来看，互联网法院是司法主动适应互联网发展大趋势的一项制度创新。三家互联网法院都自觉地将自己视作智慧法院的先行者，系统、全面地开展智能系统的研发和应用。

可喜的是智慧法院建设得到了多方主体的有力支持，未来的发展态势良好。2018年起，我国科技部启动以智慧法院建设为主要内容的研发计划（司法专项）。这是我国首次以法院信息化为主要内容设立国家重点研发计划。[②] 第一批专项确定了“智能司法基础科学问题与人工智能技术研究”等6大方面16项研究子任务，安排经费4.5亿元。第二批专项确定了“智慧法院核心业务运行关键技术与装备研究”等两个方面5项研究子任务，共安排经费1.5亿元。该司法专项的研究执行期是2018年至2021年，目标是初步形成以

---

① 参见陈甦、田禾主编：《中国法院信息化发展报告 No.3（2019）》，社会科学文献出版社2019年版，第213～227页。

② 参见《科技部关于发布国家重点研发计划公共安全风险防控与技术装备重点专项（司法专题任务）2018年度第一批项目申报指南的通知》。

智慧司法知识和政法三部门运行管理支撑平台为核心的国家智慧司法运维体系,为实现公正司法和司法为民,提升司法体系的公正性、公开性提供信息技术支撑。随后,各地方法院开展司法人工智能应用开发的热情持续升温,其研发定位甚至超过了科技部司法专项所确定的目标。以浙江省为例,2018 年浙江省高级人民法院同浙江大学、阿里巴巴集团合作组建智能审判专班,研发三类简单热点案件(网上购物、借贷、交通行政处罚)的智能审判。专班的探索取得了初步的成效,其中网络购物智能审判已在实验室环境中实现了从立案到裁判文书生成的全流程自动运行,所生成的司法文书(包括结案文书)格式完整、体例正式、文字表达流畅。智慧法院的建设正处于蓄势待发的关键时期,该项改革的深化将极大地改造传统法院及其诉讼模式,[①]它所带来的积极影响将超过以往的法院信息化改革。

需要注意的是,智慧法院建设是一场全面、深刻的司法改革,这场改革不仅是大数据、互联网和人工智能技术的应用问题,而且是诉讼规则和法院管理制度的变革问题。随着诉讼场景由线下转移到线上以及司法人工智能的应用,传统诉讼法理面临越来越大的挑战,而现行的诉讼规则也同智慧法院的改革举措产生了越来越强的紧张关系。这些紧张关系体现在智慧法院对诉讼效率的追求与公民对程序正当性的要求之间的张力。[②] 这些制度问题亟须法学界的回应。为了更为科学、合理地指导智慧法院的建设,有必要在全面、准确地把握实践进展的基础上,探索法院信息化、平台化变革的内

① 无论是中国还是外国,历史上诉讼模式总是随着社会的发展而变革,参见邓子滨:《诉讼模式如何影响审判结果》,载《读书》2019 年第 6 期,第 61 ~70 页。

② 参见段厚省:《远程审判的双重张力》,载《东方法学》2019 年第 4 期,第 104 ~105 页。

在逻辑和进路,总结智慧法院平台建设和诉讼规则构建的现行制度难题,进而明确推进智慧法院建设的可行路径。

(二)研究意义

本书在科学和应用层面具有较大的意义,体现在以下三个方面。

首先,全面深化对我国智慧法院平台建设与诉讼规则构建现状和趋势的认识。当前虽然与智慧法院平台建设相关的各类学术成果不断涌现,但这些成果往往讨论的是个案或者信息化的某个特定环节,全面、系统地考察智慧法院建设的历史背景、现状和发展趋势的研究成果还极少。[①] 深化对智能诉讼建设的现状、难点和前景的认识具有较为重大的现实意义,是提出相关规则修改、完善建议的前提。如果不能准确把握技术发展的现状,"雾里看花"甚至进行纯粹的假设性探讨,那么在提出立法和制度改革建议时就会出现误判,无法为改革决策层和司法实务部门提供科学、中肯的智力支持。此外,法学学者对于智慧法院的研究主要从法学的角度展开,注重价值、原则和规则的讨论,往往忽视了对技术这一关键变量的讨论。本书拟全面、系统地考察智慧法院建设的现状和趋势,不仅从法律规范本身进行研讨,还注重总结和评析信息技术发展对法律规范的影响。

其次,拓展对科技和法律基础理论的认识。基础理论对于制度构建具有极为重要的作用。奠基在内在自洽的基础理论之上的制度与实践能够合乎逻辑地创立与发展,而缺乏基础理论支撑的制度更多的是权宜之计,很难长久运行。本书以法律与科技的基本原理作为理论框架,在此基础上审视我国法律体系与科技发展的关系,

---

① 参见本章的文献综述部分。

进而为法院信息化，尤其是智慧法院建设的顺利推进提供理论解释。此外，本书还将运用劳伦斯·拉希茨（Lawrence Lessig）的规制四要素理论来研讨智慧法院建设中法律规则与算法的关系。[①] 在借助基础理论推进本书研究的同时，笔者也希望对智慧法院建设经验的总结和制度构建建议能够用来反哺理论。本部分的学理探讨尤其要注意剖析的全面性、周延性，避免挂一漏万。

最后，为国家立法、政策制定以及企业技术研发建言献策。本书具有较强的现实意义。智慧法院诉讼平台的快速发展将不断影响和改变法院的运行模式和诉讼规则。市场化的研发环境和3000多家地方法院的海量需求也使科技公司、高校纷纷将研发的重点转向智能司法应用。无论是立法、政策制定还是企业技术研发都必须考虑该项产品同现行审判制度的契合性，就这个角度而言，实务界对智能诉讼规则的革新有迫切的需求。本书的研究希望能够为国家审判规则和法院运行体制改革以及企业技术研发的路径选择提供具有可操作性的方案，为未来审判规则的制定提供建设性的意见。

二、文献综述

迄今为止，中外法学界对于法院信息化的探讨已持续较长时间，近年来学术界关注的重点转移到司法智能化等前沿问题。总体而言，目前相关研究成果主要集中在法律与科技的关系、法院信息化的沿革与新进展、人工智能与司法融合的问题与出路以及互联网法院四个主要领域。

① See Lawrence Lessig, *Code* 2.0, Basic Books, 2006, Part 1 and 2.

（一）法律与科技的关系

7 万年前最后一批走出非洲的智人不仅熟练掌握了使用火种的技巧而且还不断开发新工具，这使得人类逐渐以氏族的形式聚居起来，朴素的氏族习惯法得以诞生。① 如果我们把这一开创性的普遍事件视作人类第一次尝到技术进步的甜头并催生出了复杂的社会制度，那么我们可以确信，科技和制度（法律）的碰撞是贯穿于人类社会始终的基本命题。② 这一命题绵延久远，在不同的时代有不同的表现形式。当代随着科技发展日新月异，科技对人类社会的改造作用越来越大，在此大背景下，厘清科技与法律的关系具有十分重要的理论和实践意义。无论是科技还是法律都有其产生、发展、成熟和衰亡的生命周期。一项重大科技发明具有创造生产关系和塑造法律关系的功能。但是随着科技的进步，旧的法律却可能成为维持落后于生产关系的工具和阻碍科技发展的障碍。于 20 世纪 80 年代兴起的新制度经济学派学者认为，近代科技和资本主义新生产方式往往萌芽于远离政治中心的边疆（海港）地区，这是因为中央政府对于这些地区的法律控制较弱，使新生且弱小的生产关系有喘息和发展的空间。③ 学者们较为一致的看法是科技的发展应受到法律的制约。他们争议的焦点在于，科技能够在多大程度上能动地影响、调整甚至重构法律。

法学界对于法律与科技的关系问题既有共识也有分歧。部分

---

① See Yuval Noah Harari, *Sapiens, A Brief History of Humankind*, Vintage Books, 2011, p. 16 – 17.

② See Yuval Noah Harari, *Sapiens, A Brief History of Humankind*, Vintage Books, 2011, p. 307 – 311.

③ See Barry R. Weingast, *The Economic Role of Political Institutions: Market-Preserving Federalism and Economic Development*, Journal of Law, Economics & Organization, 1995, p. 4 – 5.

学者认为法律与科技的关系问题已成为法理学的重要研究课题。[①]科技对于法律制度的发展有着重要的推动作用。随着科技的发展,人们能够正确地认识事物之间的因果关系,从而革除了许多荒谬的法律制度。现代科技的发展极大地扩展了法律制度的调整范围,创造了新的法律制度,如18世纪后英国要式契约的普及与造纸业和印刷业的发展有直接关系。尽管科技对法律的影响越发显著,但还是有学者认为这类影响不具有被法理学研究的独立意义,主要原因在于科技对于法律的影响与社会领域其他现象对于法律的影响并未显现根本性的不同。[②]

法律与科技的关系是西方法学界长期关注的问题。自20世纪90年代以来,互联网技术的发明和广泛应用使得这一问题再度引发学术界广泛的关注。1995年,在一场关于互联网法的学术会议上,时任美国联邦第七巡回法院法官的弗兰克·伊斯特布鲁克(Frank Easterbrook)发表了与众不同的观点,他认为互联网法本身是一个伪命题。尽管互联网空间越来越重要,但是这类事务和当年的马并没有本质的区别,不应为互联网或者马创设专门的法律规范,而是应该用现有的一般性规范去解决互联网空间中的问题。[③]伊斯特布鲁克法官的发言无疑给当时正在热议互联网法学的与会学者们泼了冷水。随后,美国互联网法学的代表人物,哈佛大学法学教授劳伦斯·拉希茨撰文对伊斯特布鲁克法官的观点进行了反驳。拉希茨认为规制人类行为的主要方式有四种,分别是道德、法律、市场和架

---

① 参见沈宗灵主编:《法理学》,高等教育出版社1994年版,第254~269页。

② 参见苏力:《法律与科技问题的法理学重构》,载《中国社会科学》1999年第5期,第57页。

③ See Frank H. Easterbrook, *Cyberspace and the Law of the Horse*, The University of Chicago Legal Forum, 1996, p. 207 – 216.

构(infrastructure)。而互联网正是通过改变架构,进而对人类行为产生整体上的重大影响。简言之,一方面,互联网的兴起极大地影响了传统法律规则的规制效果;另一方面,网络架构本身将成为有效的规制工具。[①] 由此可见,构成互联网空间的基本元素——代码,就获得了如同法律一般的效力。也许对于未来的人类而言,现阶段的法律制度不过是他们眼中拙劣的代码而已。由此而言,互联网的发展将给现行法律制度带来重大变革。

一些西方学者探讨了科技革命对传统公法秩序的冲击。由于交往成本的显著降低和国内法应对诸多新兴问题的乏力,司法机构、各类行政机构、立法机构等传统核心规制机构逐步跳出国家的束缚,成为国际交往的主体。这些机构同国外同行的交流与合作日益密切,形成复杂的新型网络。[②]各国的同类机构形成日益紧密的全球范围内的公共职业共同体,导致各国同类机构的决定不仅要考虑本国的实际情况,也要遵循共同体所树立的精神和共同标准。随着科技的发展和外溢,在诸多新兴的经济领域,大型企业及行业协会成为实质上的商业规则的制定者、实施者和纠纷裁决者。这些企业在引导公众意见,进行法律、科技、政策研究,协助提供相关公共服务,贯彻国家政策和法律等方面发挥着越来越大的作用。[③] 拥有技术和经验优势的科技企业逐渐成为重要的规制主体之一,这是因为

---

① See Lawrence Lessig, *The Law of the Horse: What Cyberlaw Might Teach*, Stanford Technology Law Review, 1999, p. 501 – 546.

② See Stephen J. Kobrin, *The Architecture of Globalization: State Sovereignty in a Networked Global Economy*, in John Dunning ed., Governments, Globalization and International Business, Oxford University Press, 1997, p. 154.

③ See Kendall W. Stiles, *Grassroots Empowerment, States, non-state Actors and Global Policy Formulation*, in Richard A. Higgott ed., Non-State Actors and Authority in the Global System, Taylor & Francis, 2003, p. 32 – 35.

通信技术的广泛应用和科技公司的出现打破了国家在海量信息收集和处理上的垄断地位。在对很多领域的规制上,国家机构显得力不从心,从而不得不同企业合作。[①]

随着人工智能与社会生活的加速融合,部分法理学者试图探讨未来智能时代法律的根本变革,向读者展现了未来世界智能化的发展对法律体系的颠覆性变革。高全喜教授撰文指出,未来将出现的是具有强大自主学习能力的人工智能主体和丰富多元的虚拟世界。在此变革下,以人类中心主义为主要特征的传统法律观将崩塌,代之以去中心的或多中心的法律观。人类不再是“万物的尺度”,而在新兴的虚拟世界中,多元主体自生和自我演化,这将与人类中心主义的主导价值形成很强的紧张关系。[②] 齐延平教授也认为,人工智能时代传统国家功能将发生重大调整,对个体自由和权利的主要威胁将是横向的力量而非纵向的国家权力,国家、公民、社会三者的关系亟须重构。在技术全面控制社会生活的时代,“人—人”的传统关系模式将被“人—技术—人”的关系模式所取代。[③]

(二)法院信息化和诉讼平台建设

相比司法改革的其他领域,法院信息化建设启动较早、力度较大、持续时间较长,积累下了较为丰富的文献资料。这些文献资料涉及法院信息化和平台化建设的诸多方面。对此类文献进行深度研究能够较为全面深刻地把握我国法院信息化、平台化发展的内在机理、动力和改革进路。随着司法实践的持续推进,我国法学界对

---

① See John Gerard Ruggie, *Reconstituting the Global Public Domain-Issues, Actors, and Practices*, European Journal of International Relations, p. 499 – 502.

② 参见高全喜:《虚拟世界的法律化问题》,载《现代法学》2019 年第 1 期,第 70 ~ 72 页。

③ 参见齐延平:《论人工智能时代法律场景的变迁》,载《法律科学(西北政法大学学报)》2018 年第 4 期,第 38 ~ 42 页。

于法院信息化、平台化建设的关注度也逐步提升,近年来学术成果开始涌现。总的来看,目前的学术成果涉及基础理论、实践总结、规则变革和重点难点问题剖析等诸多方面。已有的学术成果尽管数量还不算特别多,但是对于提升法学界对法院信息化、平台化的理解具有重要意义,也给实务界提供了有益的指导。

1. 法院信息化和诉讼平台建设的官方文件

总的来看,关于我国法院信息化的沿革和新进展的文献主要有两类。第一类是新闻报道和法院的调研报告。20 世纪 80 年代至今,关于我国法院信息化建设的新闻报道呈现持续增多的趋势。按照时间顺序分析总结这类报道,能够从个案的角度了解我国法院信息化建设的进展与存在的问题。此外,人民法院内部撰写的信息化调研报告也是重要的信息来源。例如,西湖、滨江、余杭三家基层法院于 2015 年至 2017 年创设电子商务法庭,通过一体化诉讼平台试点远程审理涉网案件。在试点过程中,这三家基层法院积极总结全流程网上审判的经验,凝练成若干份调研材料。这些于门户网站上公布的调研报告是了解该阶段诉讼平台建设和诉讼规则问题的重要资料。

第二类主要是官方的报告和规范性文件,尤其是最高人民法院的工作报告和规范性文件。最高人民法院 1986 年工作报告提出要运用计算机进行司法统计、法院管理和辅助审判。此后,信息化成为各级法院年度工作报告中的高频词汇。此外,最高人民法院及地方法院陆续出台关于信息化建设的规划,如最高人民法院于 1985 年发布《关于加强人民法院司法统计工作的通知》,要求地方的人民法院加快配备微型计算机和传真机的速度。此后最高人民法院陆续出台了推进法院信息化的规范性文件,涉及信息网络系统建设、审判法庭信息化、基层法院物质建设、执行流程公开、裁判文书公开、智慧法院建设等诸多领域。这类文件的数量在100件以上，发布的时间跨度达30多年，内容上呈现信息化建设逐步深化的趋势。[①] 其中最高人民法院于2017年出台的《关于加快建设智慧法院的意见》是智慧法院建设的基本规划。该意见强调了平台建设在打造智慧法院中的重要作用，要求构建融合审判、执行、人事、司法管理等各类应用系统的内部融合平台，集成司法公开、诉讼服务、沟通宣传等各类应用系统的外部服务平台，贯通内部融合平台和外部服务平台，形成"一站式"综合服务体系，实现线上线下业务办理无缝对接。在诉讼规则方面，最高人民法院于2018年9月颁布《关于互联网法院审理案件若干问题的规定》，对互联网法院全流程线上审判的基本诉讼规则进行了规定，体现出我国法院信息化改革已经从基础设施建设转向诉讼规则的创新。2021年1月，最高人民法院发布《关于人民法院在线办理案件若干问题的规定(征求意见稿)》，向社会公开征求意见。2021年6月，最高人民法院发布《人民法院在线诉讼规则》，对在线诉讼的法律效力、适用范围、基本原则、主要诉讼流程等进行了规定。

除法院系统的专门规范性文件外，国务院出台的若干综合性发展规划也纳入了智慧法院建设的要求。如2016年国务院颁布《"十三五"国家信息化规划》，提出推进智慧法院建设，推行电子诉讼，深化公正司法信息化工程的建设；又如2017年国务院颁布《新一代人工智能发展规划》，要求建立智慧法庭数据平台，实现法院审判体系和审判能力的智能化改造。总的来看，无论是法院系统的发展规划

---

① 关于最高人民法院1996～2016年发布的关于人民法院信息化的文件，参见中国社会科学院法学研究所、国家法治指数研究中心、法治指数创新工程项目组：《中国法院信息化第三方评估报告》，中国社会科学出版社2016年版，第113～117页。

还是国务院的相关发展规划都将诉讼平台的建设作为法院信息化、智能化发展的抓手。上述的报告和规范性文件勾勒出我国法院信息化、平台化建设的应然面貌,是本书重点关注的内容。

2. 法院信息化和诉讼平台建设的学术成果

龚祥瑞和李克强于 1983 年发表学术论文《法律工作的计算机化》。这篇文章是较早的探索法院信息化建设的研究成果。该文在总结西方法律信息化实践的基础上,探讨了未来信息技术与法律融合可能的广度与深度,并预测包括司法在内的法律工作的计算机化在将来很可能发展成一门特定的专业。①

受司法实践持续推进的影响,国内学术界对法院信息化问题的集中关注也较晚,大致可以以 2010 年为起点。随着最高人民法院于 2016 年出台《人民法院信息化建设五年发展规划(2016—2020)》,国内关于法院信息化的研究成果开始增多。目前国内的研究成果集中于两个方面。

一是整理、评述法院信息化的若干阶段性成果。近年来,地方各级法院的研究资料和最高人民法院的评估报告较为详细地整理、总结了我国法院信息化改革的阶段性进展。最高人民法院 2016 年出版的《中国法院的司法改革》用一章的篇幅概括性地总结了 2013 年至 2015 年我国法院信息化改造的进程、成效和存在的问题。法学界也有学者开始梳理法院信息化建设的进程。② 如左卫民对四川省各级人民法院审判管理信息化的创新进行了细致解读,他认为信息化应从审判管理信息化向审判信息化转变,我国司法信息化之未来

① 参见龚祥瑞、李克强:《法律工作的计算机化》,载《法学杂志》1983 年第 3 期,第 16 ~ 20 页。

② 参见左卫民:《信息化与我国司法——基于四川省各级人民法院审判管理创新的解读》,载《清华法学》2011 年第 4 期,第 141 ~ 157 页。

图景应是审判信息化、多方信息化与面向社会的信息化。[①] 周翠在题为民事电子诉讼年度观察报告的文章中对最高人民法院的司法信息化改革进行了全面评述,肯定了电子递交的时刻、当事人主张的结构化、电子送达、电子公告送达、电子庭审记录、电子案卷的查阅、在线庭审、电子文件的证明力以及电子督促程序制定等诸多方面改革的效果。[②] 实务部门的整理和学者的总结较为全面地展现了我国法院信息化建设的沿革和全貌,为考察互联网法院的"应运而生"和成功运行的机理和路径提供了丰富素材。

二是提炼法院信息化和诉讼平台建设的理念和价值。近年来,我国法学学者对法院信息化、平台化变革的理论探讨逐渐增多,内容主要集中在以下几个方面:方法上,有学者借鉴意大利学者的划分,将法院信息化建设分为内部信息化和外部信息化两个维度,强调内外部构造的协同和配合。[③] 法院信息化的功能除了提高诉讼效率外,还在于整合法院审判资源,而统一诉讼平台则是实现审判资源整合的重要方式。理念上,强调诉讼中心主义和以当事人为中心的司法信息化改革理念。[④] 尽管发展替代性纠纷解决机制尤其是在线调解机制具有积极意义,但司法的未来仍取决于诉讼而非调解。[⑤]

---

① 参见左卫民:《信息化与我国司法——基于四川省各级人民法院审判管理创新的解读》,载《清华法学》2011 年第 4 期,第 141 ~ 157 页。

② 参见周翠:《中国民事电子诉讼年度观察报告(2016)》,载《当代法学》2017 年第 4 期,第 137 ~ 151 页。

③ 参见王福华:《电子法院:由内部到外部的构建》,载《当代法学》2016 年第 5 期,第 23 ~ 35 页。

④ 参见王福华:《电子诉讼制度构建的法律基础》,载《法学研究》2016 年第 6 期,第 88 ~ 106 页。

⑤ 参见周翠:《我国民事司法多元化改革的现状与未来》,载《中国法学》2018 年第 1 期,第 53 ~ 76 页。

而法院信息化的诸多举措都旨在在方便的时间、方便的地点为当事人、法律职业共同体乃至整个社会提供司法信息或服务，促进法院和当事人的电子法律交往，实现电子起诉、提交电子书证、进行电子送达，甚至建立与物理法庭相对应的虚拟法庭。[①] 价值上，探讨电子诉讼对传统民事诉讼的影响，强调信息化技术对传统司法价值的保障。有学者指出，诉讼从线下转移到线上，对司法公开原则、诉讼行为基本范式、法院审理模式、证据规则、送达和执行等诉讼关键性问题都产生了积极的影响。[②]

总体而言，我国法学界关于法院信息化、平台化建设及其制度构建的总结和研究已经有了一定程度的积累，但是成果数量不算多，研究的面不算广，未来有待进一步拓展和深化。目前中文的研究成果存在的问题有三：一是实证分析和学理探讨脱节。整理总结法院信息化现状的成果往往未能结合现行法律规范进行有深度的学理探讨，而有较强学术性的成果往往并未能全面吸收最新的司法实践。二是关于外国法、比较法的研究成果还较为欠缺。目前，我国学者较多地介绍了德国民事诉讼程序电子化和合法化的改革，对于英国其他国家的法院信息化改革缺乏关注。三是以互联网法院、智慧法院为研究对象的学术成果还比较少。2017 年 8 月互联网法院的成立引起了各大报纸、网络媒体的广泛报道，这些新闻报道时效性较强，但存在深度、广度不足的问题。法学界已经有学者开始关注互联网法院诉讼平台的运行和诉讼规则创新的问题，如侯猛等

---

① 参见王福华：《电子法院：由内部到外部的构建》，载《当代法学》2016 年第 5 期，第 24 页。

② 参见刘敏：《电子诉讼潮流与我国民事诉讼法的应对》，载《当代法学》2016 年第 5 期，第 14 ~ 22 页；安晨曦：《电子诉讼形塑的中国策略》，载《湖北社会科学》2017 年第 8 期，第 146 ~ 155 页。

学者的文章简要总结了赴互联网法院调研的直观印象,[①]但是对互联网法院的试点实践进行深度总结和学理剖析的成果尚较少。

(三)法院诉讼规则的变革

早在2015年浙江省杭州市西湖区、滨江区、余杭区三家基层法院各自设立电子商务网上法庭之际,浙江省就搭建了统一的诉讼平台"浙江省法院电子商务网上法庭",并颁布了若干规范,为网上诉讼提供具有可操作性的指引。这些规范包括《杭州市中级人民法院关于涉电子商务纠纷案件审判疑难问题的解答》《杭州市西湖区人民法院视频网络审判操作规程》《杭州市余杭区人民法院电子商务网上法庭操作规程》等。随后,杭州互联网法院的设立标志着我国法院强化了诉讼规则探索的广度和深度,有助于总结涉网诉讼的规律以及网上诉讼同现行诉讼规则的关系。2018年最高人民法院发布《关于互联网法院审理案件若干问题的规定》,这是我国法院首次对全流程网上诉讼活动进行专门规范。2021年最高人民法院发布《关于人民法院在线办理案件若干问题的规定(征求意见稿)》,向社会公开征求意见。随后最高人民法院发布《人民法院在线诉讼规则》,对在线诉讼的法律效力、适用范围、基本原则、主要诉讼流程等进行了规定。

我国法学界对于网上诉讼规则的关注也越来越多。不少学者剖析了信息化与现行法律规范的紧张关系,探索解决之道。有学者对法院信息化建设同现有诉讼规则的关系展开探讨,认为我国网上诉讼及智慧法院建设的快速推进面临诉讼法上的合法性困境。全流程的网上诉讼实践正在深刻地重塑传统的诉讼活动,并给法院管

---

① 参见侯猛:《互联网技术对司法的影响——以杭州互联网法院为分析样本》,载《法律适用》2018年第1期,第52~57页。

理体制带来前所未有的挑战,此类制度问题必须通过立法或者修法进行有效应对。[①] 有学者剖析了法院线上运行的特点与优势,给出了较为具体的改革方案。例如,有学者提出应当尽快进行督促程序电子化改革,纾解我国法院案多人少的压力,以减轻法院负担和提升诉讼效率。[②] 也有学者探讨现行的限制性诉讼规则的合理性,倡导为电子诉讼的发展进行制度"松绑"。[③] 还有学者强调综合运用立法和法律扩张解释的手段,构建电子诉讼制度等。[④] 近年来,越来越多的学者将研究的目光投向互联网法院的网上审判实践。有学者审视了互联网法院首创的异步审理模式的合法性与合理性问题,认为如果异步审理模式能够在合理限度内发挥其效用,那么其与传统诉讼规则的矛盾就并非不可调和。[⑤]

与中文成果相比,关于法院信息化的英文成果要丰富得多,这与西方国家较早地开展了司法信息化的实践有直接的关系。西方法学界从 20 世纪 90 年代末开始集中关注法院信息化等相关问题,成果陆续出现,至今不衰。总体上看,当前西方对法院信息化的研究大致有三类主要的视角。

一是将经过信息化改造的法院视为在线纠纷解决机制的组成部分。有学者认为在线纠纷解决机制的广泛运用能够极大地拓展

---

① 参见刘敏:《电子时代中国民事诉讼的变革》,载《人民司法》2011 年第 5 期,第 71 ~ 74 页。

② 参见周翠:《再论督促程序电子化改革的重点》,载《当代法学》2016 年第 6 期,第 100 ~ 115 页。

③ 参见宋朝武:《电子司法的实践运用与制度碰撞》,载《中国政法大学学报》2011 年第 6 期,第 62 ~ 76 页。

④ 参见郑世保:《民事诉讼行为研究》,法律出版社 2016 年版。

⑤ 参见陶杨、付梦伟:《互联网法院异步审理模式与直接言词原则的冲突与协调》,载《法律适用》2021 年第 6 期,第 163 ~ 173 页。

诉权的可实现性，降低争议解决的成本和耗时，这些机制尤其受到跨境纠纷双方当事人的欢迎。[①] 而司法诉讼（adjudication）是四大在线纠纷解决机制之一，另外三类分别是调解（mediation）、和解（consolidation）和仲裁（arbitration）。需要指出的是，西方学者在对四大机制在线运行的表现进行比较时，往往把法院的诉讼机制作为被改造、被替代的对象，认为通过诉讼来解决纠纷成本过高，而 E-Bay 纠纷解决平台等商业纠纷解决平台则越来越受到青睐。[②]

二是聚焦法院的信息化改造和由此给传统司法秩序带来的冲击。加拿大等国的学者深入探讨了法院信息化对传统司法价值甚至对整个法律体系的影响。有学者从外部的视角剖析了法院信息化建设对公民诉权的保障。[③] 还有学者采用实证研究的方法，分析信息化改造后的法院是如何缩小法律文本和司法判决的差距，促进司法公正的。[④] 此外，信息化技术带来的诉讼空间（法庭）的演变和

---

① See Bordone Robert, *Electronic Online Dispute Resolution: A Systems Approach-Potential, Problems, and a Proposal*, Harvard Negotiation Law Review, 175(1998), p. 175 – 209; Duca Louis, *Facilitating Expansion of Cross-Border E-Commerce: Developing a Global Online Dispute Resolution System*, Penn State Journal of Law and International Affairs 59(2012), p. 59 – 85.

② See Teitz Louise, *Providing Legal Services for the Middle Class in Cyberspace*, Fordham Law Review, 70(2001), p. 985 – 1016; Lavi Dafna, *Three is not a Crowd: Online Mediation-Arbitration in Business to Consumer Internet Disputes*, University of Pennsylvania Journal of International Law 87(2016), p. 870 – 941.

③ See Bulinski, Maximilian, *Online Case Resolution Systems: Enhancing Access, Fairness, Accuracy, and Efficiency*, Michigan Journal of Race and Law 21(2016), p. 204 – 249; Bailiey Jane, Jacquelyn Burkell and Grahm Reynolds, *Access to Justice for All: Towards an "Expansive Vision" of Justice and Technology*, Windsor Yearbook of Access to Justice 31(2013), p. 181 – 207.

④ See Raymond Anjanette, *Technology, Ethics, and Access to Justice: Should an Algorithm Be Deciding Your Case?*, Michigan Journal of International Law 45(2014), p. 486 – 524.

诉讼程序的变革也是西方学者关注的重点。[①]

三是将法院视为受信息化浪潮冲击的法律职业共同体的重要组成部分。信息化技术对社会生活具有广泛、深刻的影响,法律职业共同体也不例外。以理查德·萨斯坎德(Richard Susskind)为代表的西方学者从宏观的视角探讨信息化技术与法律职业共同体的关系。他们认为,传统的法学“工匠(学徒)”教育模式、封闭的法律职业共同体正受到信息技术、互联网科技的不断冲击;随着信息技术的逐步运用,法律市场、运作模式、营收范围、法律教育等方面发生了急剧变化。[②] 法官、法院、司法运行也被卷入改造的洪流中。[③]

从比较的角度看,研究西欧国家(英国除外)和欧盟法院信息化的成果要多于研究美国、加拿大法院信息化的成果,这是因为西欧大陆法系国家法院信息化的发展水平要远高于美国等普通法系国家。由于普通法系和大陆法系的差异,美国等国把研究的重点放在法律职业教育和律师的信息化上,而不是法院的信息化上。尤其需要指出的是,当前英文成果主要关注西方主要国家的法院信息化,对于发展中国家法院信息化的研究却很少。但是相较于西方国家高度职业化、封闭的司法体制,发展中国家的司法体制更乐于接受信息化的改造。遗憾的是,当前英文成果极少讨论包括中国在内的

---

① See American Bar Association, *Legal Technology Survey Report: Litigation and Courtroom Technology* (2014) Vol. 3; Fredric Lederer, *Wired: What We've Learned about Courtroom Technology*, Cvil Justice 24(2010), p. 18 – 38; Benyekhlef Karim ed., *E-access to Justice*, Ottawa, University of Ottawa Press, 2016.

② See Katsh Bthan, *Digital Justice, Technology and the Internet of Disputes*, Oxford University Press, 2017.

③ See Susskind Richard, *The End of Lawyers? Rethinking the Nature of Legal Service*, Oxford University Press, 2010; Susskind Richard, *The Future of Professions, How Technology will Transform the Work of Human Experts*, Oxford University Press, 2015.

发展中国家的法院信息化进程。

(四)司法人工智能与互联网法院

1. 司法人工智能

随着智慧法院建设的快速推进,法学界对于智慧法院建设的关注度也逐步上升,出现了较多的关于人工智能与司法融合的学术讨论。这些研究成果大致可以分为以下几类。

一是关于司法与人工智能价值定位的研究。早期的研究对智慧法院建设持较为谨慎的态度。例如,早在2007年,针对山东地方法院开发审判软件,试行所谓的电脑量刑,就有学者撰文指出该项实践受到我国固有的法律观和现实条件的催动,但这一应用存在很大的局限,应慎之又慎,不可急于求成。① 2017年以后,关于人工智能与司法融合的理论探讨开始增多,探讨的内容也从能不能开发转变为如何开发,其中的核心论题是人工智能能够在多大程度上替代人类法官的作用。主流意见认为至少在现阶段人工智能无法取代法官的裁决,该技术仅能作为法官裁判案件的辅助手段。② 有学者承认人工智能将重塑法官的职业内容与结构,改变法院运行过程中人类与计算机的互动关系,进而提出人工智能运用于司法过程有重大的价值。③ 此外,人工智能与传统司法价值之间的潜在冲突也是学术界关注的重点问题之一。这类冲突体现在人工智能可能削弱

---

① 参见季卫东:《电脑量刑辩证观》,载《政法论坛》2007年第1期,第124~128页。

② 参见何帆:《我们离"阿尔法法官"还有多远?》,载《浙江人大》2017年第5期,第58~61页;季卫东:《人工智能时代的司法权之变》,载《东方法学》2018年第1期,第125页;盛学军、邹越:《智能机器人法官:还有多少可能和不可能》,载《现代法学》2018年第4期,第74页。

③ 参见潘庸鲁:《人工智能介入司法领域的价值与定位》,载《探索与争鸣》2017年第10期,第102~103页;钱大军:《司法人工智能的中国进程:功能替代与结构强化》,载《法学评论》2018年第5期,第147~151页。

程序公正、独立、平等、公信等司法的核心价值。①

二是探讨人工智能司法运用的现实障碍与改进路径。现有研究普遍指出司法人工智能的开发需要司法大数据作为基础。与西方国家相比,我国司法大数据的开放程度较高。尽管如此,此类大数据的充分性、真实性和结构化程度都远不能满足开发的需要。②此外,资本投入不足、算法的低效与人才的稀缺也是司法人工智能开发的薄弱环节。③ 还有学者认为司法人工智能的开发不仅会遭遇技术难题,还会引发司法观念的变迁,因此应研究司法参与各方,尤其是法官的接受度。④ 正是上述这些原因,使得我国智慧法院建设呈现官方自上而下积极推动,但是实践层面进展不理想的局面。⑤现有的研究建议从政策上明确人工智能司法运用的范围和深度,在技术层面提升算法和加快人才培养等,以解决上述的障碍。⑥

三是关于司法人工智能开发的个案研究。越来越多的参与司法人工智能开发的学者和司法工作人员总结开发的过程,这类个案既包括特定地方法院司法人工智能开发的个案,也包括全国范围内

① 参见徐骏:《智慧法院的法理审思》,载《法学》2017 年第 3 期,第 58 ~ 63 页。

② 参见左卫民:《关于法律人工智能在中国运用前景的若干思考》,载《清华法学》2018 年第 2 期,第 114 ~ 116 页;马靖云:《智慧司法的难题及其破解》,载《华东政法大学学报》2019 年第 4 期,第 112 ~ 114 页。

③ 参见左卫民:《关于法律人工智能在中国运用前景的若干思考》,载《清华法学》2018 年第 2 期,第 116 ~ 118 页;王禄生:《司法大数据与人工智能开发的技术障碍》,载《中国法律评论》2018 年第 2 期,第 50 ~ 53 页。

④ 参见吴习彧:《裁判人工智能化的实践需求及其中国式任务》,载《东方法学》2018 年第 2 期,第 110 页。

⑤ 参见左卫民:《热与冷:中国法律人工智能的再思考》,载《环球法律评论》2019 年第 2 期,第 54 ~ 55 页。

⑥ 参见王禄生:《司法大数据与人工智能技术应用的风险及伦理规制》,载《法商研究》2019 年第 2 期,第 110 ~ 112 页。

司法特定环节的智能应用开发的个案。有学者基于四川省高级人民法院的改革,深度总结、剖析了道路交通纠纷要素式审判系统的开发及应用。相较于传统的办案模式,智能系统可以在每起案件中节约2.5~3.5小时的办案时间,同时显著降低了裁判结果的错误率和文书书写不规范的可能性,提升了审判的质效。[①] 从2017年起,河北省高级人民法院开发应用了以电子卷宗随案生成为主要功能的智审系统1.0;随后不久,苏州市中级人民法院开发应用了庭审语音识别系统;上海市高级人民法院围绕证据的分类与快速确认进行重点研发,辅助刑事案件办案。[②] 还有学者对司法人工智能开发的关键性技术,如法律知识图谱构建、语音识别等进行了较为深入的阐述。[③]

四是算法在法院裁判和诉讼管理中的应用前景与局限研究。近年来,算法规制与算法对法律的影响成为我国法学界研究的新热点。学者普遍认为算法的应用对法律规制造成了挑战,应采取必要的方法对算法进行有效控制。[④] 随着探讨的深入,有学者已经开始关注算法自动化决策对于数字政府的整体性影响,并呼吁对政府使用算法自动化决策进行优先监管。[⑤] 智慧法院建设中算法的应用前

---

① 参见曾学原、王竹:《道路交通纠纷要素式审判探索——从四川高院的改革实践出发》,载《中国应用法学》2018年第2期,第101~104页。

② 参见崔亚东:《司法科技梦:上海刑事案件智能辅助办案系统的实践与思考》,载《人民法治》2018年第18期,第93~97页。

③ 参见高翔:《人工智能民事司法应用的法律知识图谱构建——以要件事实型民事裁判论为基础》,载《法制与社会发展》2018年第6期,第74~78页;张德:《自然语言处理技术在司法过程中的应用研究》,载《信息与电脑(理论版)》2017年第17期,第33~34页。

④ 参见苏宇:《算法规制的谱系》,载《中国法学》2020年第3期,第165~184页;丁晓东:《论算法的法律规制》,载《中国社会科学》2020年第12期,第138~159页。

⑤ 参见张凌寒:《算法自动化决策与行政正当程序制度的冲突与调和》,载《东方法学》2020年第6期,第6~17页。

景也是当前法学界方兴未艾的研究课题。目前被广泛讨论的议题包括:(1)算法偏见对智慧司法的影响及其防范;[①](2)算法在司法审判中的应用与局限;(3)算法层面如何推动司法人工智能技术的发展[②]等。

2.互联网法院

杭州、广州和北京互联网法院相继成立后,其就成为我国探索人工智能与司法深度融合的先行者。这三家互联网法院搭建了各自的网上诉讼平台和调解平台,积极开发和运用智能应用,并出台了诉讼平台审理规程、网上庭审规范、异步审理模式规程等规范以及《电子商务案件审判白皮书》等文件。上述实践和文字资料是了解互联网法院的重要信息来源。法学学者也开始关注互联网法院的设立与运行。在杭州互联网法院成立之初,就有学者在实地调研的基础上,初步分析并预测了信息与大数据技术对法院管理与审判工作的影响,指出互联网法院在实际审判中减少了各方当事人的诉讼成本,改善了审判管理的方式,从理念和制度上改造了传统法院运作的模式和诉讼的方式。[③] 信息技术与法院运行的碰撞和相互接纳是全方位的,有学者对于互联网运用背景下的司法流程再造进行了初步探索。[④]

管辖权问题与远程审判问题是当前法学学者关注的焦点。针

① 参见雷震文:《算法偏见对"智慧司法"的影响及其防范》,载《法制日报》2017年12月27日。

② 参见左卫民:《AI法官的时代会到来吗——基于中外司法人工智能的对比与展望》,载《政法论坛》2021年第5期,第3~13页。

③ 参见侯猛:《互联网技术对司法的影响——以杭州互联网法院为分析样本》,载《法律适用》2018年第1期,第52页。

④ 参见陈国猛:《互联网时代资讯科技的应用与司法流程再造——以浙江省法院的实践为例》,载《法律适用》2017年第21期,第2~3页。

对互联网法院打破传统地域管辖的趋势,一些学者建议放宽管辖的范围,大幅增加管辖的联结点,试点无顺位任意选择机制。[①] 还有学者建议互联网法院应持续丰富管辖案件的类型,从跨地域和跨国的约定管辖起步,积极试点和确立网络管辖权的中国经验与模式。[②] 绝大多数案件采取远程审判的方式是互联网法院运行的重要特征。有学者对这一新型审判方式同传统诉讼法理和相关制度的冲突进行了探讨。如段厚省教授认为远程审判同程序正当性和技术系统的固有风险之间存在紧张关系,未来需要为远程审判的实践探索设定伦理底线。[③]

三、研究方法与基本框架

(一)研究方法

本书的主要研究方法有两种。一是立法与政策分析。迄今为止,全国人大及其常委会、国务院、最高人民法院等国家机构出台了数量众多的与法院信息化、智能化有关的法律、产业政策、司法解释和规范性文件。总结和剖析这些官方的立法与政策是勾勒我国智慧法院建设应然图景的关键。在考察立法时,一方面要注重研究立法的目的和背景的变迁,把握法院信息化、智能化相关规范的"前世今生";另一方面应从整体的视角剖析现行法律体系的基本精神和具体内容在多大程度上能够容纳以智能诉讼规则为核心的子系统。规范分析的功能不仅在于描绘未来建设的图景,同时也能提高相关

① 参见肖建国、庄诗岳:《论互联网法院涉网案件地域管辖规则的构建》,载《法律适用》2018 年第 3 期,第 23 ~ 24 页。

② 参见李怀胜:《杭州互联网法院的历史意义、司法责任与时代使命》,载《比较法研究》2018 年第 3 期,第 103 页。

③ 参见段厚省:《远程审判的双重张力》,载《东方法学》2019 年第 4 期,第 104 ~ 107 页。

制度建议的逻辑自洽性和周延性。考虑到智慧法院建设与“互联网+”、大数据和人工智能技术发展的密切关系，本书采用政策分析的方法，对大量的政府官方文件、国家战略报告、企业发展报告进行总结和提炼，把握相关前沿科技的未来发展态势，为判断智慧法院建设的趋势提供参考。

二是实地调研与个案分析。我国法院的信息化建设已经取得了相当大的成就，相当部分的司法信息实现了高度数据化基础上的公开披露，这为本书研究的开展提供了前所未有的便利。本书的研究立足于杭州，开展广泛的实地调研。浙江是全国范围内法院信息化建设的先行者，以浙江省高级人民法院和杭州互联网法院为代表的地方法院正积极开展智慧法院的建设。笔者所在的高校无论是学校层面还是法学院层面都在积极推进人工智能交叉学科的研究。法院、科研机构和实务界的交流互动频繁，这为本书研究的开展提供了良好的条件。笔者通过调研、现场观摩、座谈等方式，采集浙江省高级人民法院、杭州市中级人民法院和杭州互联网法院大力推进法院信息化、智能建设的相关信息。实地调研获取的信息将作为研究人工智能前沿科技发展实然状态和未来趋势的重要信息来源，也是构建智能诉讼规则所必须考虑的技术基础。除了法院系统，调研的对象还包括智慧法院建设的其他主要主体，如主要的研发主体（如阿里巴巴达摩院）、智能诉讼的相关方（如律所）等。此外，本书还针对典型个案进行深度分析，包括特定法院的相关改革，如2013年启动的杭州电子商务法庭试点和2017年启动的杭州互联网法院试点等。

（二）基本框架

本书第一部分交代本书的研究背景与研究意义。我国国民经济的各个方面都受到了信息化、智能化浪潮的深刻影响，法院作为社会系统的子系统也不例外。我国法院的信息化、智能化建设取得了相当大的发展,理应加强研究。本部分还梳理关于法院信息化和智慧法院建设的中英文文献,并介绍研究方法和基本框架。

第二部分探讨法院信息化、平台化和智能化变革的逻辑和现实动因。中华人民共和国成立后,科技进步驱动社会经济发展成为我国法律体系的核心关切。改革开放后,逐步壮大、日益活跃且复杂的市场经济则为法院信息化改造提供了源源不断的技术保障,而法院的信息化、智能化又起到了保障国民经济信息化、智能化发展的作用。缓解案多人少的困难和实现同案同判是启动智慧法院建设的现实动因。

第三部分研究我国法院信息化、智能化建设的历程。从历史上看,智慧法院建设是法院信息化改革发展到一定阶段的产物,这个过程可以分为四个阶段。早期的信息化改革聚焦于普及电子计算机的应用,第二、第三阶段改革则致力于实现法院系统内部的互联互通,而第四阶段改革就进入智慧法院诉讼平台建设的新时期。

第四部分讨论智慧法院诉讼平台建设的理念、现状与问题。以相关官方文献为依据,总结提炼我国智慧法院诉讼平台的发展定位。本书研究选取典型个案,探讨智慧法院建设的发展历程和现状。本书研究依次讨论了早期的探索、杭州电子商务法庭和吉林电子法院、河北智审系统、上海刑事案件智能辅助办案系统和苏州"电子卷宗和语音识别"系统的深度应用,以及杭州、广州、北京互联网法院的智能审判实践等。接着第四部分以杭州互联网法院为例,探讨智慧法院诉讼平台建设的发展定位。最后总结当前智慧法院诉讼平台建设面临的主要问题。

第五部分探讨法院信息化、平台化和智能化背景下诉讼规则的变革。重大的科技创新不仅仅是技术应用的问题,其发展必然受到当前法律、政策与社会制度的限制。法院信息化、平台化和智能化的改革面临对司法基本价值体系与规则的重新审视与排序。智慧法院诉讼平台建设推进过程中制度障碍逐渐显露。这集中体现为智慧法院同传统诉讼原则的紧张关系,以及同现行诉讼规则与法院配套制度的紧张关系。

第六部分结合前文的论述探讨推进智慧法院诉讼平台建设和诉讼规则构建的措施。首先,应强化各项保障措施。这包括明确司法人工智能的法律地位,加快培养适应智慧法院建设需求的人才,以及调整研发的策略。其次,应加快诉讼规则的改革。破除制度束缚,在更大范围上开展涉网诉讼的试点工作。当前互联网法院解除制度束缚和启动诉讼制度改革的路径应是全国人大常委会授权进行改革试点。试点改革不仅不会冲垮现有的法秩序,反而可以起到维护国家法律体系稳定的作用,实现法律体系与社会发展的动态平衡。

第二章　法院信息化、平台化和智能化发展的逻辑与动因

本章集中探讨我国法院信息化、平台化和智能化发展的逻辑、动因。首先,厘清我国法院积极利用前沿信息技术背后的制度逻辑。原本最为保守的法院系统在一百年的时间里成为同先进技术融合的先行者,这一现象背后的制度逻辑值得深究。其次,总结和提炼相关数据和已有的实证研究成果,探讨法院信息化、平台化、智能化改革的现实动因。

一、法院信息化、平台化和智能化改革的逻辑

法院与前沿科技的深度融合并非简单的科技利用问题,而是涉及思想、社会、制度大环境的变革。在信息化技术的推动下,法院内部劳动分工与资源配置将会调整,运作逻辑也会随之而变化。① 本部分从三个方面探讨法院信息化、平台化、智能化改革的逻辑。一是思想与根本制度的逻辑。尤其注重研究宪法原则与精神的变革对科技与发展的保障。二是市场与技术创新的逻辑。剖析改革开放以来市场经济的完善对科技创新的保障。三是社会进步的逻辑。

---

① 参见程金华:《人工、智能与法院大转型》,载《上海交通大学学报(哲学社会科学版)》2019 年第 6 期,第 35～38 页。

我国法院对前沿信息技术的吸收既是国民经济信息化战略的组成部分,又反过来推动了这一重大战略的发展。

(一)科技与发展的根本制度保障

1. 近代以来我国积贫积弱的制度根源

科学与技术的创新与应用已成为现代社会发展的主要动力,而法院信息化建设也仰赖于新一代通信技术的不断迭代革新。[①] 但是科技的进步与社会的发展不仅仅取决于创新,还取决于一整套政治经济制度的安排。缺乏政治经济制度支撑的创新总是无法持续,很难发展壮大。换言之,制度与科技是法院信息化建设不可或缺的两大支撑。本部分主要探讨法院信息化建设的根本制度基础。特定社会的政治制度从根本上决定了科技创新能否被允许,以及能够在多大的程度上进行创新。[②]从这个角度出发,我们可以发现以科技为核心的司法改革是否能够启动,以及能走多远,在很大程度上取决于我国的制度环境。本部分主要回答的问题是,怎样的根本性制度安排,使法院的信息化建设在我国得以持续推进。可以说,我国构建了一整套围绕科技创新和发展的基本政治制度,这构成了我国法院信息化、平台化、智能化建设的根本制度保障。

也许有人会质疑,科技与发展是世界所有国家都在制度上予以重视的问题,并非中国所独有。这一说法显然低估了世界范围内制度与发展关系的多样性,将立宪的制度底色同现阶段的经济立法混同起来。从历史和比较的维度来看,我国现行制度与发展的积极关系具有十分鲜明的特色。从历史上看,我国古代政权显然未能足够

---

① 最高人民法院于2017年颁布的《关于加快建设智慧法院的意见》强调对先进信息化系统的利用,目的在于提供全方位的智能服务。

② See Oliver Williamson, *The Economic Institutions of Capitalism*, Free Press, 1985, p. 163 - 180.

重视科技和发展问题，并未将其作为执政的根本任务。尽管出于战争和维护统治的需要，古代中国统治者或许会强调发展，但也更多地关注人口的增长，而非科技的创新与应用。[①] 而发源于古希腊并在工业革命期间发扬光大的科学精神却并未在古代中国获得足够的重视。古代中国在技术应用上取得了辉煌的成就，却并不重视基础科学。著名的"李约瑟难题"集中反映了这个困境，即尽管古代中国涌现了诸多的发明创造，但为什么科学和工业革命没有诞生在中国？[②] 尽管这一难题的答案众说纷纭，但未能在根本制度层面重视科技与发展问题应是我国古代社会长期处于停滞状态的制度原因。自 19 世纪以来，工业革命的兴起使西方国家的年均经济增长率达 1% 以上，而同时期中国的发展陷入停滞。清朝统治下的中国很快就被世界潮流所抛下，中华民族开始面临生存危机。

西方工业革命的成功进一步拉大了东西方的差距，凸显了晚清政府的贫弱，这种差距最终以鸦片战争这种激烈的形式表现了出来。出于抵御西方列强侵略和剿灭太平天国的目的，清政府的若干地方督抚发起洋务运动，倡导利用西方科技，实现富国强兵的目的。[③] 尽管如此，晚清政府始终没有将发展问题上升为国家的根本战略，并缺失了从根本制度层面保障发展的自觉。实际上，当时统治阶级中的有识之士已经认识到，太平天国导致的内乱终究有平定

---

① 梁惠王在同孟子谈论强国之道时，就把人口多寡作为国家发展的标准，他说："察邻国之政，无如寡人之用心者。邻国之民不加少，寡人之民不加多，何也？"参见《孟子》，上海古籍出版社 2016 年版，第 3～5 页。

② 参见李约瑟：《中国科学技术史》（第 1 卷），科学出版社、上海古籍出版社 1990 年版，"序言"。

③ 参见周建波：《洋务运动与中国早期现代化思想》，山东人民出版社 2001 年版，第 19～29 页。

之日,但方兴未艾的西方列强的环伺与进逼,让他们感到束手无策。洋务运动的重要人物薛福成在他撰写的《庸盦笔记》中记载了湖北巡抚胡林翼的事迹,生动地反映了统治阶级高层对西方势力在华扩张的无奈。

《庸盦笔记》记载,(文忠)"复驰江滨。忽见二洋船鼓轮西上,迅如奔马,急如飘风,文忠变色不语。勒马回营,中途呕血,几至堕马。文忠前已得疾,自是益笃。不数月,薨于军中。盖粤贼之必灭,文忠已有成算。及见洋人之势方炽,则膏肓之症,着手为难。虽欲不忧而不可得也。阎丹初尚书向在文忠幕府,每与文忠论及洋务,文忠辄摇手闭目,神色不怡者久之,曰:'此非吾辈所能知也'"。①

胡林翼已认识到中西方在科技和发展上的巨大差距,并对由此而产生的国家生存危机忧心如焚。胡林翼于1861年去世,也许他没有想到的是,不仅他这代人未能找到救亡图存之道,直至半世纪后清政府覆灭,这一生存危机仍然渐渐加深。覆灭前的清政府并未从制度上重视发展问题。清政府于1908年颁布的《钦定宪法大纲》就集中反映了当时最高统治者对宪制的忽视。这份近代中国第一部宪法性文件重点规定了君上的绝对权力和有限的臣民权利,对于发展问题却只字未提。这表明尽管外患越来越深重,但当时的清政府对自身贫弱根源的认识仍然是肤浅的,未达成利用先进科技发展国力的共识,也未能在根本制度层面保障发展问题。

清政府未能将发展问题宪法化(制度化)的根本原因在于统治者始终未能意识到现代化是中华文明屹立于世界的必然选择,更没有意识到以坚船利炮为代表的西方物质文明是国家现代化的重要部分。清政府在遭遇到西方现代化物质文明后,由最初的不知所

---

① 参见(清)薛福成:《庸盦笔记》,重庆出版社1999年版,第18~19页。

措，到逐步陷入被动，一拖再拖，始终未能主动适应现代化，最终导致变革的空间越来越小，不仅使清政府覆灭，也使中华民族的生存危机大大加深。清政府的被动与消极体现在多个方面。鸦片战争结束20年后，洋务运动才慢吞吞地启动，原因就在于当时统治阶级内部相当部分的官僚的持续阻挠。面对日益窘迫的局势和潜在的战争危险，李鸿章、沈葆桢等官员在19世纪60年代中期前后就奏请清廷兴办电报事业。电报的好处是显而易见的——能够快捷地传递信息，不仅有利于作战，在和平时期对于工商和行政工作也大有裨益。因此李鸿章认为电报是当时国防建设所必需的重要内容，沈葆桢也“屡言其利”。[①] 但这项提议遭到不少保守派官僚的批评，他们认为电线之建设将截断地脉，破坏风水，影响后世子孙福祉。因此发展电报事业的建议一直未能付诸实践，直到1874年，清政府才准允沈葆桢设立由福州至厦门等的电报专线。[②]

1912年中华民国成立后，当时的政府进一步推动了社会改造和思想的解放，正式开启了经济现代化建设之路。尤其在南京国民政府时期（1927～1937年），经济建设取得了一定的成就，在农业现代化、工业规模、财税改革和金融体制改革方面取得了卓有成效的发展。[③] 与此同时，当时的中国政府持续开展经济立法活动，颁布了包括宪法、民法、经济法和行政法在内的相关法律。这些法律发挥了若干重要功能，包括主动调节初生的市场经济、贯彻落实国家意志、

---

① 参见杜石然等：《洋务运动与中国近代科技》，辽宁教育出版社1991年版，第102～104页。

② 参见杜石然等：《洋务运动与中国近代科技》，辽宁教育出版社1991年版，第104～105页。

③ 参见卓遵宏、姜良芹、刘文宾、刘慧宇：《南京国民政府十年经济建设》，南京大学出版社2015年版。

协调各类经济关系。正是这一系列的制度与法律建设,推动了南京国民政府时期的经济发展。[①] 由于受到内战和日本侵略的干扰,民国时期我国经济建设的成就仍然是有限的。

2. 新中国成立后作为宪法原则的发展观

中国真正大踏步地走上现代化之路还要等到1949年中华人民共和国成立以后。宪法规定了国家的基本制度。因此国家对科技的态度应首先从宪法层面进行分析。当代国家总是安排若干根本性的政治制度,因而会形成独特的宪法精神和原则,无论该国是否有一部成文宪法。[②] 我国现行宪法将发展作为重要的关键词。保障发展贯穿于宪法的序言和正文部分。宪法序言强调国家的根本任务是开展中国特色社会主义现代化建设,把我国建设成为富强、民主、文明、和谐、美丽的社会主义现代化强国。我国宪法正文中约有1/4的内容规定经济制度,涉及的领域广泛,主要包括生产资料的所有权、基本经济制度、分配制度、自然资源所有权、农村经济制度、土地所有权与使用权、市场经济的地位等。此外,我国宪法强调科技创新与利用,这体现在《宪法》第14条。该条规定,国家……推广先进的科学技术……以不断提高劳动生产率和经济效益,发展社会生产力。宪法正文部分对经济制度的细致规定是落实根本任务的需要,也反映了立宪者对发展问题的极端重视。

需要注意的是,宪法文本并不能完全反映国家宪制的真实运行状况。现实生活中的"活宪法"常常会或多或少地偏离宪法文本;在极端的情形下,现实运行中的宪法甚至会蜕变到宪法文本的

---

① 参见石柏林:《民国时期经济法律体系及其作用初探》,载《求索》1996年第2期,第126~128页。

② See Thomas C. Grey, *Origins of the Unwritten Constitution: Fundamental Law in American Revolutionary Thought*, Stanford Law Review, 1978, p. 843 – 848.

对立面去。[①] 因此,考察我国制度同科技和发展的关系还应该将目光投向现实的法律体系与政策,发掘出国家"活"的宪法原则与精神。总的来看,我国自新中国成立后就一直在将宪法层面的发展问题进行落实。新中国成立后不久,我国领导人便将实现"四个现代化"(工业、农业、国防和科学技术的现代化)作为国家建设的基本纲领。在苏联的援助下,我国开始启动五年计划,实现了国民经济的较快发展。邓小平等倡导"实事求是",对发展问题重视到了无以复加的程度。邓小平在不同的场合强调要以"经济建设为中心",而科学技术则是"第一生产力"。[②] 这一时期,意识形态的阻碍很快就被突破,我国开始借鉴西方的建设经验,并积极谋求融入西方主导的世界经贸体系。因此,尽管新中国成立后我国的制度建设,尤其是法制建设出现过重大挫折,但以经济建设为中心的思想已成为"活宪法"的重要基本原则。

从 1978 年到 2018 年,我国国民经济的年均增长率达 10% ,是世界上经济增长速度最快的国家之一。2018 年,我国国内生产总值逾 90 万亿元,人均国内生产总值接近 6. 5 万元。[③] 尽管在改革开放的不同时期,我国遭遇了经济危机等挑战,但以经济建设为中心的指导思路一直未改变。近年来,"唯经济增长论"受到了越来越多的批评,但发展作为我国政府的中心工作的地位依然牢固。究其原因,主要有两个方面。一方面,依靠科技促发展已经深深嵌入我国

---

① See Jacobsohn J. Gary, *Constitutional Identity*, Harvard University Press, 2010, p. 34 – 40. 我国 20 世纪 90 年代中期法学界热议的"良性违宪"问题,也涉及实践偏离宪法规定的问题,参见郝铁川:《论良性违宪》,载《法学研究》1996 年第 4 期,第 89 ~ 91 页。

② 参见《邓小平文选》(第 3 卷),人民出版社 2001 年版,第 274 页。

③ 参见国家统计局 2020 年的统计数据。

现行制度的基因之中，[①]发展已成为党和政府几乎所有工作的逻辑起点。另一方面，改革开放四十余年高速发展带来了巨大的物质红利，从而极大地转变了清末以来国弱民贫的状况，将发展作为中心工作能解决的问题要远远多于它带来的问题。科技进步与发展不仅成为法律体系的核心关切，也成为“活”的宪法原则和精神。科技在推动各领域进步的同时，也渗透到司法运行之中，法院信息化的历程几乎与改革开放同步。在鼓励科技创新和运用的制度大环境下，法院信息化就成为我国诸多司法改革中争议最少、持续时间最长、效果最为明显的改革。

（二）市场提供持续的技术保障

1. 市场化改革推动技术发展

上文指出制度和技术是改革的两大核心支柱。经过漫长的探索，我国已形成了有利于法院信息化、平台化和智能化建设的制度大环境，在科技同各个领域的融合方面达成了宝贵的共识。但是如果仅有制度保障，却缺乏有效的科技供给，那么法院信息化改革将很难取得预期的效果。幸运的是改革开放以来的市场化改革和数据经济的兴起，起到了保障法院信息化改革技术供给的作用。

改革开放前，我国在积极借鉴、转化西方先进技术的情况下，已建立起较为完整的工农业体系。国家主导的发展模式尽管能够在短期内实现技术创新，但无法有效实现技术的持续改进和大规模推广，因而必须在国家主导模式外寻求新的发展路径。通信技术的发展体现了这一特征。美国于 1946 年成功研制了世界第一台电子计算机。在之后的较长时期内，这个革命性发明的应用却十分有限。

① 龙卫球：《人工智能立法的“技术—社会 + 经济”范式——基于引领法律与科技新型关系的视角》，载《武汉大学学报（哲学社会科学版）》2020 年第 1 期，第 66 ~ 68 页。

直至20世纪70年代中期，电子计算机的应用范围还局限在政府、军事、科研、大型企业等机构。[①] 在苹果公司开发出微型电脑并商业化生产后，电子计算机走入千家万户，成为学习、工作、生活的必需品，此后“互联网+”、大数据、人工智能才有了应用的可能。[②] 可见市场的存在以及私营企业的积极研发和应用是通信技术发展的重要条件。

新一轮法院信息化建设，即信息化3.0建设，更加需要强调市场和私营科技企业的作用，目的是持续获得新一轮通信技术的供给。为什么传统的国家主导的技术研发发展模式不如市场研发模式呢？原因在于法院信息化3.0改革需要进行创新型探索。和以往借鉴西方先进经验不同，我国新一轮的法院信息化改革处于全球领先的位置，已经没有可资借鉴的西方经验。杭州建立全球第一家互联网法院体现了我国法院系统先行敢试的改革心态。这就意味着在当前法院信息化改革领域，我国已经从追赶者变为先行者。在这一新的情形下，我国必须要培育内生性机制，使得信息化改革所需的创新性规则和技术能够源源不断地产生和推广。传统国家主导的后发式技术研发发展模式虽然有利于集中力量跟随世界先进国家的发展步伐，但是很难在自主探索新兴领域时取得持续有效的发展，其弊端集中体现在信息收集不充分、反馈不及时，进而导致失败风险高。而市场机制则能有效地克服信息不足的问题，市场主体竞相探索，能够开展竞争、优胜劣汰，而市场主体又能够及时汲取新信息，从而调整经营策略，降低经营风险。

---

① 参见胡守仁编著：《计算机技术发展史》（二），国防科技大学出版社2006年版，第16～20页。

② 参见［美］吉姆·卡尔顿：《苹果公司兴衰内幕》，朱贵冬等译，新华出版社1999年版，第45～55页。

庆幸的是我国改革开放以来的市场化改革逐渐形成了市场经济环境,极大地释放了传统计划经济体制下被长期压抑的经济活力。过去40年间,私营部门快速扩张,而2013年以来,互联网经济开始蓬勃发展。以互联网产业为代表的新经济形态都是由私营企业发起和主导的,涌现出了阿里巴巴、腾讯、百度等大型互联网平台企业。在这些新经济领域,企业的经营活动越来越活跃、竞争日益激烈,相关技术创新和推广的周期日渐缩短。这些企业不仅将自己视为科技企业,更是将自己视为数据企业。它们依靠高度信息化的经济模式为数以亿计的客户提供快捷、优质的服务,处于优势的市场地位。同时这些企业也属于平台企业,是我国探索平台经济和智能经济的先行者。这里需要追问的是我国是如何成功地培育出市场机制,进而为数据经济的繁荣和互联网技术的推广打下基础的。

2. 分权、市场经济与技术供给

从理论层面分析,新制度经济学派的学者认为近代历史上出现高速增长的经济体都是通过市场化改革实现的,而繁荣的市场经济有赖于一套分权的政治架构。这一政治架构具有五大特征:(1)存在两级以上的称呼层级,且央地权力关系有清晰的界定;(2)地方政府的权力不得被中央政府单方面限缩或收回;(3)地方政府拥有经济事务的创设性立法权(primary regulatory responsibility);(4)全国统一市场得以维持,地方保护和贸易壁垒能够被有效地遏制;(5)地方政府受刚性预算的约束,即不得自主印制货币或寻求无限制的贷款。[①] 巴瑞·威格斯特(Barry Weingast)等学者将上述政治架构总结为市场保障型联邦主义(Market-Preserving Federalism)。该理论的核

① See Barry R. Weingast, *The Economic Role of Political Institutions: Market-Preserving Federalism and Economic Development*, Journal of Law, Economics, & Organization, 1995, p. 4 – 5.

心观点在于，市场保障型联邦架构使政府自觉约束自身的权力，避免过度掠夺市场经济的红利，从而有效地实现资本家的投资意愿。[①] 18 世纪的英格兰、19 世纪末的美国验证了市场保障型联邦主义理论的正确性。[②]

从 18 世纪初开始，随着斯图亚特王朝的覆灭，英格兰中央政府逐渐放松了对地方政府的控制。中央权力的退缩在经济领域最为明显。光荣革命的两项重要成果是培育了法治(rule of law)原则以及承认政府仅能有限度地干预经济活动。各种行业组织成为各自行业的立法主体。这些组织所制定的繁复的经济贸易规则存在若干不良的效果，包括阻碍货物的流动、扭曲商品的价格、抑制竞争和创新。但是这些规则的执行力度很弱，且覆盖范围仅限于当时英格兰的若干工商业中心。在这些中心外的广大英格兰偏远地区，这些规则形同虚设。在新的政治经济形势下，具有企业家精神的一部分新兴资产阶级在远离传统工商业中心的英格兰北部开展了新经济活动的实验，这包括引进和推广新的生产技术和工具等。出于地方政府相互竞争的需要，这些地区的政府对新的经济活动采取包容乃至鼓励的态度，由此引发了第一次工业革命，以蒸汽机为代表的机器生产很快席卷整个英格兰，并造就了日不落帝国。[③]

与英格兰的准联邦制不同，美国在建国之初就按照文艺复兴以

---

① See Yingyi Qian and Barry R. Weingast, *Federalism as a Commitment to Preserving Market Incentives*, The Journal of Economic Perspectives, 1997, p. 85 – 88.

② See Barry R. Weingast, *Second Generation Fiscal Federalism: The Implications of Fiscal Incentives*, Journal of Urban Economics, 2009, p. 279 – 293.

③ See Barry R. Weingast, *The Economic Role of Political Institutions: Market-Preserving Federalism and Economic Development*, Journal of Law, Economics, & Organization, 1995, p. 15 – 18.

来的政治哲学思想将联邦制度付诸实践。19 世纪中叶以后,美国宪法秩序逐渐稳固,联邦架构的运转开始步入常轨。美国宪法设置了一个权力相对较小的联邦政府,同时赋予了州政府广泛的权限。尤其值得注意的是,宪法将未列举的权力都赋予了州政府,这使新兴的经济管理权限几乎都掌握在州政府手中。拥有广泛权力的州政府能够较为自主地开展本地的经济建设,而不用担心来自联邦政府的频繁干涉。尽管拥有广泛的权力,美国州政府的影响力却不能超越地域的限制。美国宪法的"州际贸易条款"(commerce clause)限制了州政府对跨州贸易活动的规制。实践证明"州际贸易条款"对于克服地方保护主义、培育全国统一市场起到了关键性的作用。[①]哈耶克认为美国联邦体制所带来的一大好处是,在保持了高度纵向分权的同时,也有效地遏制了州政府的地方保护主义趋势。[②] 19 世纪后半叶,美国各州的产业分工趋势越来越显著。南方成为棉花种植基地,西北部成为粮食主产区,而东北地区则成为工商业中心。19 世纪末美国实现了经济的长期快速增长,至世纪之交时,美国新经济模式和高新技术的发明和应用开始涌现,而美国也一跃成为当时世界范围内最为富裕的国家。

我国改革开放以来的高速发展同 18 世纪英国、19 世纪美国的发展历程具有一定的相似性。与苏联等相比,我国在改革开放前已具有若干优势条件,这包括集权程度相对较低的计划经济体制、领导人开放务实的作风、良好的财政状况、优越的地理位置等。取得

---

① See Barry R. Weingast, *The Economic Role of Political Institutions: Market-Preserving Federalism and Economic Development*, Journal of Law, Economics, & Organization, 1995, p. 19 – 21.

② See Friedrich Hayek, *The Use of Knowledge in Society*, American Economic Review, 1945, p. 519 – 530.

改革成果的关键在于改革的渐进性和不均衡性，东南地区的若干地方政府获得了较大的经济管理权限，从而率先启动了市场化的改革。以深圳经济特区为代表的东部沿海地区在积极吸引外资、引进先进技术的同时，还积极开展市场化体制的改革。这些地区改革的成果很快被其他地区复制，最终上升为国家层面的规则。由于企业所得税是地方财政收入的主要来源之一，地方政府有支持本地企业发展的强大动力，而《反不正当竞争法》等国家层面经济立法的出台，起到了遏制地方保护主义蔓延的作用，统一的全国市场得以维持。超大规模的统一市场对于互联网经济的蓬勃发展有着十分重要的作用。

2000 年以后，我国国民经济信息化建设进入快车道，不仅信息产业发展迅猛，信息产业与传统行业的融合部分也成为提升国民经济的重要新引擎。互联网企业开始快速发展，互联网领域的新经济形态层出不穷，相关技术创新和应用方兴未艾。第 48 次中国互联网发展统计报告显示，截至 2021 年 6 月，我国网民规模达 10.11 亿人，手机网民规模为 10.07 亿人，即时通信用户规模为 9.83 亿人，网络支付用户规模为 8.72 亿人。[①] 互联网平台企业是推动我国国民经济信息化发展的重要力量。由私营企业根据市场需要开发的技术装备很快就推广到其他领域，这其中就包括司法领域。[②] 法院信息化 3.0 改革所需要的技术就由市场化程度相当高的私营企业来供给。

（三）法院为国民经济信息化、智能化保驾护航

法院信息化是我国国民经济信息化战略的组成部分。自 20 世

① 参见中国互联网络信息中心发布的《第 48 次中国互联网络发展状况统计报告》。

② 参见钱大军：《司法人工智能的中国进程：功能替代与结构强化》，载《法学评论》2018 年第 5 期，第 139～140 页。

纪80年代中期以来,我国法院就成为国家机关信息化改革的先行者,逐步实现了计算机应用的普及,搭建了覆盖全国各级法院的三级专网,并积极布局智慧法院建设。需要指出的是,法院并非只是接受信息化改造的主体,它本身也通过线上的诉讼实践推动国民经济信息化程度的提高。从源头上看,现代司法活动的功能已不仅局限于个体纠纷的裁决,而是扩展到通过诉讼服务的提供,参与到普遍性的社会经济发展活动中。[①] 总的来看,我国法院功能的扩张主要体现为参与制定和实施国家公共政策。我们可以从两个方面来审视我国法院对国家公共政策的支持。

首先,我国法院通过制定司法解释和其他规范性文件将公共政策的目标导入司法过程。改革开放以来,最高人民法院制定了众多的司法解释和其他规范性文件,目的是落实不同时期的国家政策。[②] 正是由于这个原因,有学者认为我国最高人民法院俨然已成为国家层面公共政策的重要制定者之一。[③] 从根本上看,我国法院以积极的态度服务国家现代化建设。法院所扮演的积极角色在各级法院的历年工作报告中就有直观的体现。最高人民法院历年的工作报告往往会提到法院保障社会主义现代化建设的作用。例如,1982年为了落实中共中央提出的打击经济领域严重犯罪活动的决定,全国

① 参见左卫民:《法院制度功能之比较研究》,载《现代法学》2001年第1期,第42~43页。

② 法院对于实现"十三五"规划发展目标的保障及相关问题,参见江必新:《司法审判保障"十三五"规划实现的重点、盲点与亮点——兼论人民法院司法审判工作如何为经济社会发展做好司法服务和法治保障》,载《法律适用》2016年第5期,第2~9页。

③ 参见侯猛:《最高人民法院的功能定位——以其规制经济的司法过程切入》,载《清华法学》2006年第1期,第22~23页。

各级法院将惩治经济类犯罪作为本年度的工作重点。[①] 随着改革开放的深化，我国法院通过诉讼的方式参与经济政策制定的范围和程度逐步扩展。最高人民法院的工作报告开始用更大的篇幅来叙述法院对国家现代化建设的保障。2017 年最高人民法院的工作报告中指出法院审判的中心工作在于贯彻新发展理念，保障国民经济持续健康发展，这包括服务供给侧结构性改革、服务经济发展重大战略、服务绿色发展、服务创新驱动发展等。[②] 地方法院服务国家政策的意识同最高人民法院保持一致。有学者对四川省某县法院近 20 年工作总结的主题词进行统计后发现，自 1988 年起促进经济发展（建设）就成为该县法院工作总结的关键词。[③]

其次，最高人民法院结合国家的政策目标，挑选典型案例，从而指导各级法院的审判工作。例如，最高人民法院发布了 8 个关于推动“一带一路”倡议的典型案例，这些案例将对后续相同或类似案件的裁判产生影响，从而起到为国家重大政策服务的目的。[④] 法院依据现行的法律规则对个案进行裁判时，必须考虑包括公共政策在内的外部因素；对于疑难案件的裁决而言，公共政策因素往往起到了重要的作用。法院，尤其是高级别的法院，其对重大或疑难经济案

---

① 1982 年 3 月，第五届全国人大常委会第二十二次会议通过《关于严惩严重破坏经济的罪犯的决定》（已失效）；1982 年 4 月，中共中央、国务院作出《关于打击经济领域中严重犯罪活动的决定》。另参见《最高人民法院工作报告（1982 年）》。

② 参见最高人民法院：《2017 年最高人民法院工作报告》，载最高人民法院网 2018 年 3 月 25 日，https://www.chinacourt.org/article/detail/2018/02/id/3196742.shtml。

③ 参见李文军：《政法传统与司法的治理功能研究——基于 S 省一个基层法院 60 年实践变迁的观察》，载张任善主编：《南京大学法律评论》（2017 年秋季卷），法律出版社 2017 年版，第 317 页。

④ 参见孟融：《我国法院执行公共政策的机制分析——以法院为“一带一路”建设提供保障的文件为分析对象》，载《政治与法律》2017 年第 3 期，第 93～96 页。

件的裁判结果不仅关系到个案纠纷的解决,而且具有形成和更新经济规则的意义。例如,2001 年最高人民法院“中福实业公司担保案”的裁判结果被认为会影响到银行业近 3000 亿元信贷的安全。[①] 最高人民法院颁布的与执行有关的规定普遍强调司法裁判应实现“法律效果与社会效果的统一”。而社会效果与国家政策的一致性意味着法院的裁判过程也是将公共政策内化为司法规则的过程。[②]

通过以上的探讨可以得出的结论是,法院通过履行审判职能,能够能动地参与公共政策的制定和实施。当国民经济信息化成为国家的重大战略,诸多政策陆续出台后,法院自然就成为此项政策落地的重要推手。法院的信息化改造服务于国民经济发展这一理念贯穿于改革的整个过程。最高人民法院于 1985 年发布的《关于人民法院司法统计工作的若干规定》指出,实现司法统计工作的现代化(如配备电子计算机等信息化设备),是为了使法院更好地适应社会主义现代化建设的需要。从 2017 年起,以杭州互联网法院为代表的新型网上诉讼平台的兴起,集中体现了法院信息化服务于国民经济信息化改革。2017 年 6 月中央深改小组通过的《关于设立杭州互联网法院的方案》对于杭州互联网法院的定位直接体现了该法院服务新一轮信息化改革的目标。[③] 具体而言,杭州互联网法院通过解决涉网纠纷来实现维护国家安全和稳定的功能。杭州互联网法院也是贯彻国家信息化、人工智能重大战略的成果之一,而它也反

---

① 参见侯猛:《最高法院规制经济的功能——再评“中福实业公司担保案”》,载《法学》2004 年第 12 期,第 113 页。

② 参见宋亚辉:《公共政策如何进入裁判过程——以最高人民法院的司法解释为例》,载《法商研究》2009 年第 6 期,第 111 ~ 113 页。

③ 《关于设立杭州互联网法院的方案》强调设立杭州互联网法院是“为维护网络安全、化解涉网纠纷、促进互联网和经济社会深度融合等提供更强有力的司法保障”。

过来服务于互联网同经济社会深度融合这一重大历史任务。[①]

二、法院信息化、平台化和智能化改革的现实动因

法院是国家机构中相对保守的部分。如果依靠以个体法官为核心的传统司法运作模式就足以满足解决社会纠纷需求，那么法院的任何旨在自我提升的改革就会因缺乏外在动力而无法启动。因此智慧法院的建设必然是为了解决现实中的不足，回应某种需求。司法人工智能的功能具有多样性。[②] 本部分着重分析智慧法院建设的两大现实动因，分别是案多人少和同案不同判。

（一）案多人少的矛盾

1. 案多人少的现实困难与原因分析

我国法院案多人少的问题由来已久。古代在无讼思想指引下的少讼状态在晚清被逐渐扭转。相关研究发现，随着晚清变法运动的出现和国家现代化进程的启动，全社会诉讼量呈快速增长的趋势。1914 年，全国裁判机关共审理案件近 9 万件；1936 年，全国地方裁判机关共审理案件 38.2 万件。1945 年 9 月至 1947 年 10 月，尽管国内局势动荡，但全国新式法院审结的案件比之前任何时期都要多，达 208.3 万件。当时的广东、江苏等省份面临法院受理案件数量快速增长，案件越积越多的问题。[③] 案多人少的状况一直延续到新中国成立初期。当时政法条线的领导人已敏锐地注意到案多人少

---

① 关于智能应用与法院诉讼服务改革，参见周佑勇：《智能技术驱动下的诉讼服务问题及其应对之策》，载《东方法学》2019 年第 5 期，第 15～18 页。

② 参见钱大军：《司法人工智能的中国进程：功能替代与结构强化》，载《法学评论》2018 年第 5 期，第 144～147 页。

③ 清末和民国的案件数据引自尤陈俊：《“案多人少”的应对之道：清代、民国与当代的比较研究》，载《法商研究》2013 年第 3 期，第 148 页。

的问题,并计划通过扩大法官规模的方式来缓解这一问题。1954年最高人民法院第一任院长董必武指出,当时法院只有3万多人,还需要3万人。[①] 但是董必武的法院扩编计划未能落实。

改革开放以后,加强民主与法制建设成为国家现代化建设的重要方面。自20世纪80年代初起,随着法院受理案件数量的快速增长,法院的规模也在扩大,这与同时期政府机构人员分流和大规模裁军形成了鲜明对比。表2-1显示了从1978年到2018年每10年全国法院结案数、法官人数、每万人法官数量、人均年结案数等关键指标。

表2-1 我国法院案件数量与法官数量概览

年份	结案数/万件	法官人数/万人	每万人法官数量/个	人均年结案数/件
1978	61	5.8	0.60	10.5
1988	223	12	1.08	18.6
1998	539	21	1.68	25.7
2008	900	19	1.43	47.4
2018	2520	12.4	0.89	203.2

注:表中数据是对多种资料整理提炼而来,主要包括当年最高人民法院工作报告、《中国法律年鉴》等官方文献和学术论著,包括刘忠:《规模与内部治理——中国法院编制变迁三十年(1978—2008)》,载《法制与社会发展》2012年第5期,第47~64页。

从表2-1提供的信息来看,改革开放以来我国法院案多人少的矛盾越来越突出。1978年至2018年,全国法院审结的案件数增长了40.3倍。总的来看,法院审结的各类案件数量都出现了大幅增长,民事案件数量的增长尤为显著。这40年间,法院审结的民事案

① 参见刘忠:《规模与内部治理——中国法院编制变迁三十年(1978—2008)》,载《法制与社会发展》2012年第5期,第48页。

件数从31.8万件跃升至1500多万件，增长了约47倍。与案件数量的爆炸式增长相比，法官数量的增长显得不那么显著。截至2018年，我国员额法官数量为12.4万人，仅为40年前法官数量的2.1倍。在案件增长速度大幅高于法官增长速度的情况下，法官人均办案量出现快速增长就不足为奇了。这期间，法官人均年结案数增长超过18倍。2018年，我国法官人均结案数超过200件。早在2008年，北京、上海、天津、江苏、浙江等经济发达地区法院法官的年人均结案量就已超过200件，个别基层法院法官的办案量超过700件。[①] 2017年，郑州市高新技术产业开发区人民法院33名员额法官人均结案1264件，居全国基层法院之首。[②]

案多人少状况的形成是复杂的内外因素共同造就的。总体而言，以下四类因素起了主要作用。

一是国民经济与社会高速发展。改革开放以来，我国经历了快速城市化、大规模的市场化改革和持续的经济高速增长。在这些因素的共同作用下，社会矛盾和纠纷不可避免地呈现快速增长的趋势。在此期间，尽管我国政府倡导建立多元的纠纷解决机制，调解、公证、仲裁等纠纷预防与解决机制获得了长足的发展，但是诉讼仍然是化解纠纷的关键机制。[③] 随着社会纠纷的数量不断增长，这些纠纷中即便仅有一部分通过诉讼的形式寻求解决，其总量也是惊人的。

---

① 参见尤陈俊：《"案多人少"的应对之道：清代、民国与当代的比较研究》，载《法商研究》2013年第3期，第149页。

② 参见周青莎：《33名员额法官人均结案量全国第一，这个法院是怎么做到的？》，载河南日报网2018年3月29日，https://www.henandaily.cn/content/sh/2018/0329/94332.html。

③ 参见周翠：《我国民事司法多元化改革的现状与未来》，载《中国法学》2018年第1期，第74～76页。

二是公民权利意识的增强。经过40年的法治宣传教育,公民维权意识逐步提高,使纠纷通过诉讼的渠道得以解决的比例上升。[①]我国公民权利意识的普遍增强和经济的发展相辅相成。随着人民物质生活水平的提升,保障自身人身与财产权益的需求也就随之增强。此外,一些震惊全国的突发事件也起到了权利保护的宣传与教育作用。2003年孙志刚案废止了《城市流浪乞讨人员收容遣送办法》,并使得公众对收容教育制度和劳动教养制度的合宪性合法性产生了疑问。[②] 2016年的徐玉玉案和2020年的支付宝账单事件,使得公众对于个人信息泄露问题更为警惕。当权利意识得到强化的公民认为自身的权益受到不法侵害时,自然而然地会寻求司法的救济。

三是新法的制定和现行法的修改不断拓宽法院受理案件的范围。立案登记制改革是法院受理案件快速增加的重要推动力。党的十八届四中全会明确提出:改革法院案件受理制度,变立案审查制为立案登记制,对人民法院依法应该受理的案件,做到有案必立、有诉必理。立案登记制大大提高了当事人对法院接收案件的期待,使得案件数量进一步较快增长。[③] 此外,随着我国立法的不断完善,尤其是经济法、行政法等领域专门法的制定与修改,使得原本游离于法院之外的纠纷具有了可诉性。案件类型不断丰富无疑会增加

---

① 参见左卫民:《"诉讼爆炸"的中国应对:基于W区法院近三十年审判实践的实证分析》,载《中国法学》2018年第4期,第246页。

② 参见何海波:《论收容教育》,载《中外法学》2015年第2期,第438~440页;Fu Hualing, *Re-education Through Labor in Historical Perspective*, China Quarterly, 2015, p. 811-830。

③ 除这四项直接原因外,还有学者从政治过程的角度探究我国法院"案多人少"的深层次因素,参见姜峰:《法院"案多人少"与国家治道变革——转型时期中国的政治与司法忧思》,载《政法论坛》2015年第2期。

法院受案的总量。

四是诉讼成本的大幅降低。2007 年 4 月生效的《诉讼费用交纳办法》大幅降低了诉讼费,使当事人更倾向于将纠纷诉诸法院,这导致法院受案数量出现了明显的较快增长。① 习近平总书记在中央全面依法治国工作会议上对司法为民提出了新要求,要努力让人民群众在每一个司法案件中感受到公平正义。在司法便民政策的引导下,设立诉讼服务大厅、非工作日立案、案件简易审理等司法工作的创新降低了当事人起诉与应诉的时间与经济成本,吸引了更多的案件流向法院。②

2. 解决案多人少问题的思路

在法官规模基本保持稳定的情况下,法院必须从别的方向考虑如何解决案多人少的问题。大体而言,当前决策者解决该问题的新思路集中在两个方面。

一是减少法院受理案件的数量,或者至少扭转案件数量快速上升的趋势。近年来,中央决策者采取了诸多限制案件流向法院的举措,包括对部分类型的民商事纠纷采取诉前调解,扩大行政机关、社会团体等组织调解和处理相关民事争议的权限等。③ 例如,上海浦东新区人民法院每年先行调解案件多达两万件,徐汇区人民法院每

---

① 参见江苏省常州市中级人民法院课题组:《解决人民法院案多人少问题的调研报告》,载《人民司法》2009 年第 11 期,第 67 页。

② 如 2009 年 2 月最高人民法院颁布《关于进一步加强司法便民工作的若干意见》;据媒体报道,仅浙江省某基层法院出台的便民措施就达 50 余种,参见李章军、尤先夫、庞彩虹:《完善司法便民措施 提高司法为民水平——浙江省象山法院关于司法便民长效机制建立与完善的调研报告》,载《人民法院报》2010 年 7 月 29 日。

③ 参见《最高人民法院关于人民法院进一步深化多元化纠纷解决机制改革的意见》;党的十八届四中全会提出,加强行业性、专业性人民调解组织建设,健全行政裁决制度。

年审前调处纠纷9000余件。[1] 总的来看,以审前和解和速裁解决纠纷案件为主的庭审方式在全国普遍取得了明显成效。此外,尽管立案登记制的实施在实践中保障了案件的受理,但是法院仍然对案件的起诉条件进行必要的审查。有部分学者建议可以通过适度提高当事人起诉成本的方式来达到减少法院受理案件的目的。[2]

二是提高法院审判效率。目前最高人民法院采取多种形式的改革措施来提升审判的效率,降低处理个案的成本是其中之一。近年来,最高人民法院推广繁简案件分流、扩大简易程序适用范围、扩大小额诉讼程序和刑事案件速裁程序适用范围等改革,都体现了法院降低个案处理司法成本的努力。此外,最高人民法院还持续进行法院管理的改革,通过优化内部资源配置来实现法院审判效率的提升。最高人民法院发起的法官员额制改革、民商事案件级别管辖改革、完善派出法庭等使法院通过内部管理的改善来实现效率的提高。[3] 还有学者建议,我国应在民事诉讼中推广电子督促程序,以降低诉讼成本和减轻法院负担。[4]

---

① 参见最高人民法院立案登记制改革课题组:《立案登记制改革问题研究》,载《人民司法》2015年第9期,第65页。

② 参见苏力:《审判管理与社会管理——法院如何有效回应"案多人少"?》,载《中国法学》2010年第6期,第182~183页;蔡彦敏:《对中国民事司法案件管理机制之冷思考》,载傅郁林、兰姆寇·凡瑞主编:《中欧民事审判管理比较研究》,法律出版社2015年版,第244页。周翠教授对"司法服务论"的反思也体现了对法院不断扩大受案量的忧虑,参见周翠:《我国民事司法多元化改革的现状与未来》,载《中国法学》2018年第1期,第66~71页。

③ 参见《最高人民法院关于全面深化人民法院改革的意见》《关于调整高级人民法院和中级人民法院管辖第一审民商事案件标准的通知》。关于以繁简分流等措施应对"案多人少"问题的讨论,参见张海燕:《法院"案多人少"的应对困境及其出路——以民事案件为中心的分析》,载《山东大学学报(哲学社会科学版)》2018年第2期,第50~53页。

④ 参见周翠:《再论督促程序电子化改革的重点》,载《当代法学》2016年第6期,第113~115页。

最高人民法院发起的诸多司法改革都体现了解决案多人少问题的目的,上述列举的仅是其中最具代表性的几类。应指出的是,最高人民法院的这些改革组合拳虽起到了一定的积极效果,但是并未能在根本上扭转案多人少状况日益严峻的局面。究其原因,主要有两个。一是受效率与正义价值冲突的影响,传统改革举措的普遍推广存在相当大的阻力。设置调解前置程序、案件分流到行政机关等改革以及提高诉讼费的提议同司法便民原则存在潜在的冲突。而繁简分流等旨在降低个案处理成本的改革则不利于落实司法公正原则。二是传统的改革举措释放的效益红利有限。由于法官人数增长有限以及法官工作强度提升空间的缩小,法院管理改革所能带来的审判效率的提高也是颇为有限的。①

在传统司法改革措施效果有限的情况下,改革者就必须寻求解决案多人少矛盾更有效的思路。利用信息技术等科技手段改造司法过程就成为法院的重要选择。与传统改革措施相比,信息化作为解决案多人少问题的手段,其优势主要体现在以下两个方面。第一,法院信息化改革面临的思想和理论层面的阻力较小。充分利用科学技术,不断提升生产力早已成为我国宪法层面的要求和全社会深入人心的共识,在司法领域也不例外。尽管在具体的法院运行环节信息化改革的深度与广度方面,存在或多或少的质疑,但是整体而言,法院信息化改革遭受的争议较小,这也使得这类改革是改革开放以来诸多司法改革中持续时间最长、覆盖范围最广、深度不断拓展的一类改革。第二,法院信息化改革在提升法院运行效率方面具有极大的潜力。持续推进的法院信息化建设不断释放效率红利,

---

① 参见罗东川、黄斌:《我国司法效率改革的实践探索 立足于当前人民法院"案多人少"问题的思考》,载《法律适用》2011 年第 3 期,第 101 ~ 102 页。

同时加强了改革者推进信息化改革的信心。以杭州互联网法院为代表的新一轮法院信息化改革指向案件全流程在线审理和智能审判设备的运用,这将在更大程度上缓解当前法院案多人少的状况。

(二)同案不同判的困扰

1. 同案同判的理论内涵

同类案件同类审判似乎是法院审判工作不言而喻的应然目标,该目标具有逻辑上的自洽性和道德上的正当性。[①] 简言之,同案同判是形式正义的外在表现形式,是法院公正审判的内在要素。[②] 不仅如此,同案同判还是我国实体法上的基本要求,这体现在两个方面。第一,同案同判是维护法秩序与实现法制统一原则的内在要求。《宪法》第5条第2款规定:"国家维护社会主义法制的统一和尊严。"同类案件适用同一法律规则进行处理并得出相同的裁判结果是法制统一原则在司法领域的具体体现。简言之,统一适用法律内在地要求同案同判。第二,同案同判是平等原则的基本要求。《宪法》第33条第2款规定:"中华人民共和国公民在法律面前一律平等。"《刑法》第4条规定:"对任何人犯罪,在适用法律上一律平等。"平等原则要求同等情况适用同类法律规范,自然得出同样的判决结果,即同案同判。

需要指出的是,在现实中完全相同的案件并不存在。因此同案同判仅是相对的,而非绝对的。从这个意义上而言,相同案件本质上是类似案件。[③] 从法律适用上看,法官需要对案件进行复杂的识

---

① 参见陈景辉:《同案同判:法律义务还是道德要求》,载《中国法学》2013年第3期,第46~49页。

② 参见张骐:《论类似案件应当类似审判》,载《环球法律评论》2014年第3期,第24页。

③ 参见周少华:《刑事案件的差异化判决及其合理性》,载《中国法学》2019年第4期,第155~156页。

别、提炼、关键要素分类等活动,确定不同案件之间的同一性和差异性,进而尽量限缩同案不同判的空间。如果法官在高度类似的案件中给出了不同的判决结果,那么法官必须指出类似案件之间的关键不同之处并给出足够的理由。① 在判定同案或者不同案时,应注意以下三点:一是同等情况不仅应适用同样的法律规则,还应适用同样的法律解释方法;二是适用同样(同比例)的裁量基准;三是区分审判程序的同一和审判结果的同一。②

就宪法层面而言,明显的同案不同判现象意味着每个公民的基本宪法权利处于不等值的状态,同案不同判的比例越高,不等值程度越大,意味着社会在越大的程度上远离法治的实质要求。由于各种各样的原因,同案不同判在我国司法实践中时有出现。在这方面,白建军教授的相关实证研究具有启发性。他提炼出 22 个变量,用于评价 1107 个抢劫案件的应然罪量与实然罪量。他在量化分析后发现,在这些案例中,有 16.9% 的案件属于罪行与刑级不一致的情况,其中有 8.5% 属于偏轻、6.9% 属于偏重,并有 0.6% 过轻和 0.9% 过重。考虑到白建军教授选取的变量不可能覆盖所有的影响因素,因而实际上同案不同判的程度可能更高。可见我国司法实践中实现同案同判的目标还有不小的距离。

2. 同案同判的制度基础与信息化愿景

事实上,我国当前的若干司法机制及其改革都在客观上具有促进同案同判的效果。这些机制包括审级制度、司法解释制度、法官培训机制、检察机关抗诉机制等。在这些机制中,对同案同判影响

---

① 参见陈景辉:《同案同判:法律义务还是道德要求》,载《中国法学》2013 年第 3 期,第 60 页。

② 参见刘树德:《刑事司法语境下的“同案同判”》,载《中国法学》2011 年第 1 期,第 69 页。

最为直接和显著的机制当属裁判文书公开制度和案例指导制度。

首先,裁判文书的公开使得相关当事人能够整理、总结、提炼司法大数据。将原本停滞、封闭的司法大数据转变为流动的、结构性强的司法大数据库,使得法官、学者和当事人能够有效地发现相互支持或相互排斥的判决要素。裁判文书之间矛盾和冲突及时被发现有助于法官及时提升审判质量,也有助于增强诉讼结果的可预测性。经过近年的大力推进,我国已建成世界上规模最大的裁判文书网上公开平台。

其次,案例指导制度对于同判同案也具有重大意义。大陆法系国家越来越重视案例的作用,我国也不例外。① 早在 20 世纪 90 年代,最高人民法院就开始通过《最高人民法院公报》公布案例。最高人民法院的各业务庭和下属单位也先后出版多种案例汇编。与此同时,全国多数省份的高级人民法院也陆续发布各省市具有典型意义的案例。② 最高人民法院的《人民法院第二个五年改革纲要(2004—2008)》正式提出建立和完善案例指导制度。随后,最高人民法院于 2010 年颁布《关于案例指导工作的规定》,对我国案例指导工作进行了全面系统的规定。尤其需要注意的是该规定第 7 条指出,“最高人民法院发布的指导性案例,各级人民法院审判类似案例时应当参照”,这意味着相关指导性案例具有刚性的约束力。从实践来看,指导性案例的作用已逐步得到发挥。截至 2022 年 12 月,最高人民法院共发布了 37 批共 211 个指导性案例。四川省高级人民法院和四川大学组成的联合调查组在四川省开展的问卷调查显示,

---

① 参见刘树德:《刑事司法语境下的“同案同判”》,载《中国法学》2011 年第 1 期,第 72 ~ 73 页。

② 参见宋晓:《判例生成与中国案例指导制度》,载《法学研究》2011 年第 4 期,第 61 页。

超过90%的接受问卷调查的试点法院法官在办理案件时有查找、判断是否存在类似案例的习惯。[①]

法院信息化,尤其是智慧法院的建设,为实现同案同判提供了新契机。目前同案同判已成为大数据、人工智能技术同司法融合的重要切入点,这就意味着同案同判已不仅是约束法官审判的道德要求或法律义务,而且是新型的审判管理技术。近年来,最高人民法院和各高级人民法院纷纷开发各自的同案同判系统。无论是自动推送还是主动搜索功能,都旨在为法官提供尽可能细致的结果,避免同案不同判现象的出现。与传统的支持同案同判的机制相比,大数据、人工智能技术的运用具有显著的优势,这体现在:(1)突破个人认识和业务素质的局限,穷尽已有的同类案件;(2)统一法官对法律规范的理解;(3)有效隔离社会价值、观念、习俗等法外因素对裁判的影响。尽管目前相关同案同判技术尚不成熟、相关配套机制还不完善,但随着技术的迭代更新和实践的不断发展,匹配精度高、推送质量好的同案同判的新阶段仍是值得期待的。[②]

三、小结

我国法院信息化、平台化和智能化建设存在三类相互关联的逻辑。以科技为主要驱动力的经济发展方向成为当代我国法律制度的重要内核,更是宪法活的精神,这为法院信息化、平台化和智能化建设提供了根本的制度保障,可谓是我国智慧法院建设的制度逻辑。改革开放以来,市场化的不断推进和民营科技企业的迅猛兴起

① 参见四川省高级人民法院、四川大学联合课题组:《中国特色案例指导制度的发展与完善》,载《中国法学》2013年第3期,第37页。

② 参见左卫民:《如何通过人工智能实现类案类判》,载《中国法律评论》2018年第2期,第30~32页。

起到了保障法院信息化、平台化、智能化建设技术供给的作用,可谓是智慧法院建设的技术逻辑。法院信息化、平台化、智能化建设既是国民经济信息化和数字政府建设的组成部分,同时也能起到推动国家信息化发展战略的作用,可谓是智慧法院建设的功能逻辑。法院信息化、平台化、智能化的直接现实动因有两个。一是缓解法院案多人少的紧张状况。一方面,近年来由于员额制改革的大幅推进,我国法官规模限缩。另一方面,立案登记制的推行导致法院受理案件的数量大幅增长,这使案多人少的矛盾比以往任何时候都要突出。法院的信息化改革与智能化改造成为缓解这一矛盾的重要举措。二是解决同案不同判的困境。目前同案同判已成为大数据、人工智能技术同司法融合的重要切入点。

第三章　我国法院信息化、智能化改造的历程

在信息化的浪潮下，法院的运行发生了很大的变化。[①] 本章集中探讨我国法院信息化的历史进程。法院信息化改革肇始于改革开放初期，经历了较长时间的持续推进。而智慧法院战略的出现与法院信息化改革的持续推进有着密切的关系。甚至可以认为智慧法院就是法院信息化改革在人工智能与社会经济深度融合大背景下的新形态。本章梳理了改革开放以来我国法院信息化建设的四个阶段。对法院信息化建设历程的梳理，有助于我们深化对智慧法院建设的特点和规律的理解。

一、信息化的起步：普及电子计算机（1985～2000年）

如果将人民法院引入计算机作为辅助办公的工具作为法院信息化改革的开端，那么我们可以发现这一改革肇始于20世纪80年代初。从1983年起，我国东部地区个别法院已开始借助计算机进行办公。[②] 在这一时期，计算机的运用是为了提升司法统计工作效率。当时我国经济与社会发展很快，客观上对统计工作提出了更高的要

① 关于西方学者对法律行业的信息化总结参见 Richard Susskind, *Tomorrow's Lawyers: An Introduction to Your Future*, Oxford University Press, 2013, Part Two: the New Landscape。

② 参见陈健：《司法公正与法院信息化》，载《中国计算机用户》1999年第22期，第49页。

求。司法统计是国家统计的重要组成部分，司法统计对于改进审判工作、支持现代化建设所发挥的作用越来越大。这一趋势直观地反映在最高人民法院历年的工作报告中。最高人民法院 1981 年的工作报告披露了刑事、民事和经济案件的审结数。[①] 出于显示法院系统积极支持改革开放政策的考虑，该报告还专门披露了民事案件的收案数。最高人民法院 1982 年的工作报告进一步列举了走私贩私、贪污、受贿等七类主要经济犯罪案件的审结数。[②] 最高人民法院 1985 年的工作报告第一次公布了调解率。[③] 次年最高人民法院的工作报告披露了刑事案件发案数、刑事案件收案数、以刑期为分类标准的案件审结数等数据。[④] 最高人民法院 1988 年的工作报告第一次公布了经济案件的执行率等数据。[⑤]

总的来看，改革开放后法院司法统计呈现范围越来越大、分类越来越细的趋势，这对地方各级法院的司法统计和报送工作提出了更高的要求。传统的司法统计方式已显得越来越力不从心，无法满足现实的需要。这集中体现在如下两个方面：第一，司法统计工作专业化程度不高，统计质量堪忧。基层人民法院和中级人民法院的司法统计工作往往由法院从事其他工作的人员临时负责，甚至有的

① 参见郑天翔：《最高人民法院工作报告（1986 年）》，载中华人民共和国中央人民政府网，http://www.gov.cn/test/2008-03/27/content_929853.htm。

② 参见江华：《最高人民法院工作报告（1982 年）》，载中华人民共和国中央人民政府网，http://www.gov.cn/test/2008-03/27/content_929830.htm。

③ 参见郑天翔：《最高人民法院工作报告（1985 年）》，载中华人民共和国中央人民政府网，http://www.gov.cn/wxzl/wxzl/2000-12/26/content_1642.htm。

④ 参见郑天翔：《最高人民法院工作报告（1986 年）》，载中华人民共和国中央人民政府网，http://www.gov.cn/test/2008-03/27/content_929853.htm。

⑤ 参见郑天翔：《最高人民法院工作报告（1988 年）》，载中华人民共和国中央人民政府网，http://www.gov.cn/test/2008-03/27/content_929873.htm。

人员身兼数职,无法集中精力从事统计工作。[①] 这导致司法统计的科学性和准确性不高,甚至存在“三分统计,七分估计”的现象。[②] 在司法统计的科学性和准确性不高的情况下,用该结果来改进审判工作,其支持现代化建设的功能就必然大打折扣。第二,手工绘制司法统计表的传统方式费时费力、错误率高、时效性差。[③] 1986 年新疆维吾尔自治区法院撰写的报告显示,当地基层法院的司法统计报表的制作需要经过填录初稿和誊抄两道程序,而主管司法统计的领导对于这两道程序的表格都要进行审核,这无疑会影响司法数据报送的速度。[④] 司法数据经过三级地方法院层层汇聚,最后集中到最高人民法院。这一过程往往需要花费 2 ~ 3 个月的时间。例如,1982 年 12 月所作的最高人民法院工作报告所统计的司法数据截至当年 9 月底。[⑤] 较低的司法统计效率不仅大大限制了司法统计范围和深度的扩展,也不利于及时发挥司法统计的决策参考作用。

面对司法统计工作的高要求同落后的统计方式之间的矛盾,最高人民法院作出的普及电子计算机的运用这一选择成为解决这一矛盾的关键。最高人民法院于 1985 年 11 月发布的《关于人民法院司法统计工作的若干规定》要求“各级人民法院要抓紧配备微型电

---

① 如当时山东省荣成县人民法院安排一位工作人员兼任统计员,该院的六个业务庭和十二处派出法庭都选配了一位工作人员负责各庭的统计工作,参见山东省荣成县人民法院:《提高认识 采取措施 努力做好司法统计工作》,载《人民司法》1985 年第 8 期,第 28 页。

② 参见丁筱珠:《当前司法统计中应注意的问题》,载《法治论丛》1991 年第 2 期,第 55 页。

③ 参见吴广杰:《对司法统计工作的探讨》,载《人民司法》1983 年第 11 期,第 30 页。

④ 参见高克盛:《新疆加强司法统计工作的几项措施》,载《人民司法》1986 年第 8 期,第 26 页。

⑤ 参见江华:《最高人民法院工作报告(1982 年)》,载中华人民共和国中央人民政府网,http://www.gov.cn/test/2008-03/27/content_929830.htm。

子计算机和传真机……逐步在全国法院系统建立现代化的统计信息计算体系”。最高人民法院1986年的工作报告首次提出法院管理方式的现代化,这包括要运用计算机进行司法统计、法院管理和辅助审判等工作。[①] 在此后十多年的时间里,各级法院加快了计算机的配备速度。到1994年,全国法院系统计算机的配备数量已达到1500余台,有1200余家法院采用了最高人民法院开发的司法统计管理软件。[②] 由此可见,计算机的运用在当时各级法院已并不鲜见,使用的领域不仅包括司法统计,还扩展到文书制作、财务人事管理等领域。同年,最高人民法院发布的《关于人民法院应用计算机进行司法统计工作的暂行规定》对计算机的配备提出了更为严格和细致的要求。该规定强调各级法院都应配备计算机,其中高级人民法院可配备两台计算机,分别用来录入和输出数据,而中级人民法院和基层人民法院的计算机则可以由几个工作部门合用。1994年以后,全国法院系统计算机的普及速度加快,到20世纪90年代末实现了计算机在全国三级法院的基本普及,为下一阶段法院局域网的建设打下了硬件基础。

值得注意的是,改革开放早期的法院信息化进程不仅由地方各级法院积极探索,而且最高人民法院也亲自主导了若干研发工作,为信息化改革提供技术标准和研发模板。1987年,为了改革法院的人事管理,最高人民法院与其他部门合作,开发了“全国法院计算机人事档案管理系统”。为了统一全国司法统计工作,加快统计的速度,最高人民法院先后开发了四个版本的司法统计软件。采用这类

---

① 参见郑天翔:《最高人民法院工作报告(1986年)》,载中华人民共和国中央人民政府网,http://www.gov.cn/test/2008-03/27/content_929853.htm。

② 参见陈健:《司法公正与法院信息化》,载《中国计算机用户》1999年第22期,第49页。

软件后,各级法院司法统计信息向上流动的速度明显加快。到20世纪90年代末,全国法院已实现按月报送司法数据,相关数据一般经20天左右便可汇集至最高人民法院。从整体来看,最高人民法院的司法统计软件是迄今为止使用时间最长、普及程度最高的自主研发系统。可以说,司法统计是我国法院系统最早实现现代化的领域。除了推进计算机在司法统计工作中的运用,最高人民法院还积极探索电子计算机在审判工作中的运用。如1991年到1995年,最高人民法院组织力量,开发了"司法文件数据库",该数据库纳入了新中国成立以来的法律、法规、案例等数据,总字数达2000多万字。①

在法院信息化建设的初期,计算机对于各级法院而言仍然只是文字处理的工具,各级法院旨在通过电子化文本的快速输入与输出实现工作效率的提升。这一运用方式的局限在于未能把计算机视为实现法院各部门间以及法院与外界信息交换的工具。在这轮法院信息化改革的晚期,个别东部地区的法院已经意识到这一局限性,并开始了搭建局域网的尝试。局域网的搭建就成为了后续法院信息化改革的重要内容。值得注意的是,从20世纪80年代中后期至90年代初,计算机及其软件应用市场尚处于百家争鸣的状态,这种多样性也反映在法院购置计算机和软件的多样化上。在处理器方面,相当部分的法院采购的是当时风头正盛的太阳(Sun)计算机系统公司的产品。② 而在操作系统方面,除配置微软公司的Windows系统外,部分法院的计算机配置的是网威(Novell)公司开发的操作系统。③

---

① 参见陈健:《司法公正与法院信息化》,载《中国计算机用户》1999年第22期,第49页。

② 太阳计算机系统公司已于2009年被甲骨文公司收购。

③ 网威公司已于2010年被attachmate公司收购。

二、信息化 1.0:建设法院局域网初期(1996～2007 年)

经过十余年的持续推进,截至20 世纪90 年代中期,全国多数法院已不同程度地运用计算机从事司法统计、人事财务管理、司法文书制作等工作,法院干警对于计算机操作也越来越熟悉。[①] 在硬件设施逐步普及的基础上,最高人民法院开始尝试推广相关软件的应用和搭建法院内部的局域网。考虑到最高人民法院的官方报道把2007 年以后的法院信息化改造称为法院信息化 2.0 版和 3.0 版,那么这一时期的信息化建设则可谓是法院信息化 1.0 时期。最高人民法院于 1996 年发布《关于全面加强人民法院信息化工作的决定》。该决定是改革开放以来最高人民法院发布的第一份旨在全面规划法院信息化改革的专门性文件。根据该决定,法院新一轮信息化改革的主要内容有两个方面。一是探索开发和利用各业务应用软件。审判工作是法院的核心工作,法院信息化改革的重点从司法统计转向审判工作,这意味着信息化在法院工作领域的拓展。信息化覆盖领域扩展的原因并不复杂——最高人民法院的决策者们在司法统计领域已感受到计算机所带来的巨大红利,因而对探索计算机在法院审判工作中的运用抱有极大的热情。二是建设覆盖全国各级法院的局域网。局域网的搭建主要是为了实现法院之间审判信息的交换。随着计算机的普及,法院之间,尤其是上下级法院之间的数据流动不畅问题就成为制约法院信息化发展的"瓶颈"。在 20 世纪90 年代中期,尽管许多地方的法院已实现了司法数据的计算机统计,但是此项数据向上级法院报送时,仍然需要拷贝至软盘再通过

① 部分法院还组织干警进行计算机课程培训,参见祖因太:《苍山法院全面开展计算机培训》,载《山东审判》1996 年第 7 期,第 11 页。

传统方式送达。搭建法院内部的局域网和实现法院与法院之间的联网就自然而然地成为新一轮信息化改革的重点。[①]

该决定还对这轮信息化改革的实施保障提出了要求。根据该决定,应用软件的开发和局域网的搭建应以省为单位进行。为了改变以前信息化人才数量不足和专业化程度低的现状,该决定还要求中级以上法院干警中专门从事信息技术运行维护工作的人员不得少于在编人员的2%,基层法院应至少配置一名此类人员。当时据不完全统计,全国3500余家法院的30多万名干警中,拥有计算机专业背景的人员仅为数百人。[②] 该决定对于计算机人才的要求意味着未来几年法院系统将招录数以千计的计算机人才。

在上述决定出台后,最高人民法院陆续发布了若干指导性文件,进一步明确了法院信息化建设的时间表和具体要求。根据最高人民法院于1996年发布的《全国法院计算机信息网络建设规划》,法院网络系统由四个子系统组成,分别是院长办公决策支持系统、诉讼信息管理系统、办公信息管理系统和公众信息服务系统。最高人民法院于1999年发布的《人民法院五年改革纲要》首次将法院信息化作为司法改革的重要内容,要求在2001年年底前基本实现计算机在庭审记录、诉讼文书制作、法院管理等方面的应用。具体而言,该纲要要求用3年时间实现最高人民法院与全国高级人民法院、中级人民法院之间的联网,用5年时间建立全国法院计算机网络系统。

这一时期,在上述最高人民法院信息化政策的指引下,各地法院信息化建设明显加速。根据上述最高人民法院的指导性文件,地

---

① 关于这一时期法院信息化的进一步探讨,参见芦露:《中国的法院信息化:数据、技术与管理》,载《法律和社会科学》2016年第2期,第31~37页。

② 参见陈健:《司法公正与法院信息化》,载《中国计算机用户》1999年第22期,第49页。

方各级法院制定了相应的实施性规定。如1999年以来,山东省高级人民法院制定了《山东法院信息化建设五年规划》《山东法院信息化“十一五”规划》《关于全面加强全省法院信息化工作的意见》等规范性文件。1998年北京市海淀区人民法院发布《计算机网络管理规则》,要求法庭记录和案件统计应与审理同步。各地方法院开发辅助审判软件的工作也在如火如荼地进行,这其中最吸引人眼球的便是2006年山东省高级人民法院推广的“刑事审判专家软件”。山东省高级人民法院宣称,借助该软件能够实现电脑量刑,这项软件的推广引起了当时新闻媒体的广泛关注和学者的担忧。[①]

在开发辅助审判软件的同时,地方法院也积极搭建本单位的局域网。实践中率先完成本单位局域网搭建的是南京市中级人民法院。经过一年的建设和测试,南京市中级人民法院于1995年8月正式开通了局域网。紧随其后的是上海市的法院,截至1997年年底,上海市高级人民法院、各中级人民法院和部分基层人民法院已完成局域网的搭建。[②] 截至2001年年底,除上述省市外,包括辽宁、福建、河南、广东、海南等省的高级人民法院和深圳、青岛、大连等市的中级人民法院在内的近300家单位完成了本单位局域网的搭建。[③]这些省市的高级人民法院和中级人民法院还积极开发相关应用软件,探索网络建设的各类技术标准。有些省份法院信息化建设起步较晚,但是发展较快。山东省高级人民法院于2000年7月开通本单位的局域网,2003年山东省高级人民法院实现了同最高人民法院的

① 关于学者对于此项试点应用的评论,参见季卫东:《电脑量刑辩证观》,载《政法论坛》2007年第1期,第124～128页。

② 参见程文:《司法踏上网络快车——最高人民法院信息化建设侧记》,载《中国计算机用户》1999年第15期,第57页。

③ 参见最高人民法院发布的《人民法院计算机信息网络系统建设规划》。

局域网互联。截至2006年,山东省各级人民法院的局域网已基本建成,全省共配备计算机18,500余台,每百名干警拥有计算机的数量为85台。[①] 到2007年,全国所有高级法院、大部分中级法院和1400余个基层法院已完成本单位局域网的搭建,利用计算机和网络开展审判工作取得初步成效。与此同时,法院之间的联网也取得显著进展。最高人民法院同各高级法院及计划单列市的中级法院的一级专网于2004年投入使用。截至2007年,21个省实现了本省高级人民法院同辖区内中级人民法院的联网,标志着二级专网的建设也取得了重大进展;这其中有8个省还探索将基层法院的局域网同上级法院的专网互联。[②]

在法院信息化1.0建设时期,信息装备和技术开始向法院运行的多个领域渗透,法院信息化改造的速度明显加快。但是需注意的是,这一时期法院信息化建设的主要成就并不在于法院审判、管理类软件的开发与应用,甚至也不在于法院一级和二级专网的搭建。毕竟在这一阶段,软件的开发与应用还处于初级阶段,法院所配置的软件种类不多,功能也较为单一。由于各地法院分头开发,导致不同法院之间的系统往往互不兼容,统一性也不高。此外,法院两级专网建设的成就也不应高估。一级专网的建成与二级专网的基本建成表明位于北京的最高人民法院显著加强了同31个省级行政区的高级人民法院及大部分中级人民法院的司法数据的联系。但在全国960万平方公里的土地上,这两级专网所覆盖的地域范围仍然显得颇为疏阔。大体而言,占全国法院数量超过92%的3200余

① 参见山东省法院信息中心:《构筑信息化平台 助推法院工作腾飞——山东法院信息化建设30年回顾》,载《山东审判》2008年S1期,第69页。

② 参见王世民:《稳步推进信息化在审判工作中的全面应用》,载《人民司法》2007年第17期,第65页。

家基层法院未能接入法院系统的专网之中,这也意味着这一时期的信息化建设使最高人民法院汲取地方法院信息的能力仅限于省会和设区的市一级,最高人民法院尚未能打通通往广大基层法院的信息渠道。[①] 三级专网的搭建就成为下一阶段法院信息化建设的重头戏。尽管上述两个领域的改革进展引人注目,但笔者认为法院信息化 1.0 建设时期的主要成就实际上在于各法院局域网的建设。3500 多个法院各自开展的局域网建设,就如同 3500 多个培养皿,司法数据如同微生物一样快速地增长。很快,全国法院系统形成了 3500 多个规模越来越大的司法数据孤岛。一旦这些孤岛被联通,原本沉寂的数据就会欢快地流动起来,产生不可估量的综合效益。

三、信息化 2.0:建设全国法院专网时期(2007 ~ 2016 年)

(一)完善全国三级法院专网

尽管法院的信息化建设在 20 世纪的前几年加速推进,但开发的范围仍然很有限,主要集中在最高人民法院、高级人民法院和中级人民法院。在 2007 年之前,全国基层法院的信息化改造速度尚不理想,这体现在硬件和软件的配置不到位,未同上级法院联网。基层法院信息化建设进展较慢的原因主要在于基层法院的信息化建设经费不够充足,同时缺乏具备信息化专业知识的人员。在中西部贫困地区的法院,资金和人才匮乏的情况更为突出。1999 年据最高人民法院技术局的估算,每家基层法院搭建网络的费用至少是 120 万元,贫困地区的基层法院无力承担如此规模的投资。[②] 因此,法院信

① 参见芦露:《中国的法院信息化:数据、技术与管理》,载《法律和社会科学》2016 年第 2 期,第 36 ~ 40 页。

② 参见程文:《司法踏上网络快车——最高人民法院信息化建设侧记》,载《中国计算机用户》1999 年第 15 期,第 57 页。

息化 1.0 建设的主要成果在于搭建了全国法院业务局域网的骨架，但该网仍然过于稀疏，既无法满足最高人民法院和各省高级人民法院及时把握基层审判状况的需要，也无法实现基层法院审判质效的大幅提升。在一级和二级专网基本建成的背景下，基层法院的信息化改造就成为我国法院信息化改革的重点任务。在此背景下，搭建联通基层法院的三级专网，实现全国法院的互联互通，就成为新一轮法院信息化改革的重点，这一阶段被官方称为信息化建设 2.0 阶段。[①]

从 2005 年开始，最高人民法院着力解决基层法院信息化程度不高的问题，试图在较短的时间内搭建起覆盖全国基层法院的三级专网。最高人民法院于 2007 年提出要在三年内基本完成覆盖全国各级法院的业务专网的建设。[②] 鉴于当时一级和二级专网已基本建成，新一轮法院信息化建设的重点就放在基层法院同上级法院的联网上，即构建三级专网。最高人民法院于 2011 年提出构建国家司法审判信息系统，即天平工程。此后，各省基层法院信息化建设开始加速，并一直持续到 2015 年。最高人民法院 2011 年发布的《关于新形势下进一步加强人民法院基层基础建设的若干意见》承诺将加大中央转移支付的力度，保障基层法院的建设经费。该意见指出，应在资金、技术、人才等方面向基层法院倾斜，重点推进信息化在流程管理、质量评估、绩效考核、远程审判等方面的应用，同时加强基层法院和人民法庭局域网络的建设。

人民法庭信息化建设的启动相对较晚，其接入所在基层法院专

---

① 参见蔡长春:《人民法院信息化由 2.0 版向 3.0 版迈进》，载《法制日报》2016 年 4 月 12 日，第 2 版。

② 参见最高人民法院发布的《全面加强人民法院信息化的决定》。

网的时间也较晚。在2000年左右,当各省高级人民法院、部分中级人民法院和基层法院积极开展联网工作时,现代通信技术尚未对基层法院同人民法庭的业务联系产生实质的影响。最高人民法院在2001年发布的《国家“十五”计划期间人民法院物质建设计划》中承认,基层法院普遍存在基础设施简陋、技术装备缺乏、经费保障不足和管理手段落后等问题,严重制约了审判工作的发展。尽管该计划已较为充分地认识到了基层法院的这些问题,但这份指导性文件对基层法院的信息化建设未做全局性、有约束力的安排,而是仅仅呼吁有条件的基层法院要实现同人民法庭之间的传真通信。该计划对于贫困地区法院的信息化建设未做具体要求,而仅是泛泛地规定贫困地区法院及其人民法庭应努力改善通信条件,保证对外联系通畅,人民法庭的信息化建设速度并不快。最高人民法院于2005年发布的《关于全面加强人民法庭工作的决定》开始强调要加强人民法庭的信息化建设。该决定要求有条件的地方应率先实现人民法庭与基层法院机关的联网。2014年最高人民法院发布《关于进一步加强新形势下人民法庭工作的若干意见》。该意见对人民法庭接入法院专网的工作列出了具体的时间表——东部地区应在2014年年底之前,中部地区应在2015年年底之前,西部地区应在2016年年底之前,将本地人民法庭接入基层法院的信息网络系统。[①]

经过近十年的努力,截至法院信息化2.0建设的后期,基层法院联通上级法院的三级专网已基本建成。最高人民法院于2013年年底发布的《人民法院信息化建设五年发展规划(2013—2017)》对当

① 关于最高人民法院发布的人民法院信息化文件列表,参见中国社会科学院法学研究所、国家法治指数研究中心、法治指数创新工程项目组:《中国法院信息化第三方评估报告》,中国社会科学出版社2016年版,第113～117页。

时全国法院信息化建设进度进行了总结。该规划宣布，随着全国法院软件应用覆盖范围的持续扩大，全国99%的中级人民法院完成了二级专网的建设，97%的基层人民法院完成了三级专网的建设。而最高人民法院发布的《中国法院的司法改革》对2015年全国法院信息化的发展情况进行了总结，并宣布已实现全国3512个人民法院的网络全联通。[①] 人民法庭的信息化建设也取得了长足的进步，到2010年年初，全国已有9835个人民法庭配备了最高人民法院下发的应用软件。[②]

随着专网向基层法院和人民法庭延伸，与审判工作相关的软件的应用也取得了长足的发展。早期的零星开发和应用逐步得到扩展，覆盖法院工作的多个流程，实现了从点到面的发展。到2013年年底，全国范围内的立案信访系统、执行信息系统、纪检监察系统已建成使用，东部地区部分法院软件体系和数据资源已初具规模。全国范围内具备数据传输、语音和视频录制功能的科技法庭的建设也快速推进，至2013年这类法庭的数量已接近1万个。[③] 截至2015年，科技法庭的数量已达1.8万余个，安装远程询问系统2160余套。[④]

如果将法院一级和二级专网比作司法系统的动脉和静脉，那么联通基层法院及其人民法庭的三级专网无疑起到了毛细血管的作用。覆盖全国各个区县乃至乡镇和街道的三级专网使最高人民法院获得了前所未有的快速掌握全国审判状况的能力。裁判文书公

---

① 参见最高人民法院：《中国法院的司法改革》，人民法院出版社2016年版，第41页。

② 参见王胜俊：《最高人民法院工作报告（2011年）》，载中华人民共和国中央人民政府网，http://www.gov.cn/test/2012-11/13/content_2264122.htm。

③ 参见最高人民法院发布的《人民法院信息化建设五年发展规划（2013—2017）》。

④ 参见最高人民法院：《中国法院的司法改革》，人民法院出版社2016年版，第41页。

开成为专网建成后最高人民法院利用司法大数据资源的第一步改革目标。自2013年7月起,最高人民法院开通中国裁判文书网,并开始将生效的判决书、裁定书、决定书在该平台公开。2014年6月,最高人民法院开通人民法院大数据管理和服务平台,可实现全国法院收结案数据每5分钟更新一次,日均汇聚5万~6万个案件的数据。[①] 同年,最高人民法院要求全国各级法院将已生效裁判文书在互联网上进行公开。2016年最高人民法院发布的《关于人民法院在互联网公布裁判文书的规定》确认中国裁判文书网是统一公布裁判文书的平台,并对裁判文书上网的范围和流程进行了规范。中国裁判文书网开通后,上网的文书快速增加。截至2015年12月底,该平台已公开1450余万份文书,公开文书数量占同时期办结案件数量的比例约为50%。[②] 2018年3月,中国裁判文书网公布的文书总量已接近5000万份,访问量接近140亿次。[③] 截至2023年4月1日,中国裁判文书网公布的文书总量达1.39亿篇,访问总量超1000亿次。中国裁判文书网已成为全球最大的司法裁判文书公开平台,支撑该平台的数据库也成为全球最大的司法大数据库。

(二)法院专网建设的成效

从1983年个别法院引进计算机辅助办公算起,法院信息化改造已经历经40年。长期的建设与迭代更新终于在2015年前后收获巨大的红利。无论在司法公开还是在诉讼电子化等方面,我国法院信

① 参见张帅:《全国法院正在建设信息化3.0版》,载《苏州日报》2017年5月18日,第3版。

② 参见马超、于晓虹、何海波:《大数据分析:中国司法裁判文书上网公开报告》,载《中国法律评论》2016年第4期,第243~244页。

③ 参见陈羽:《中国法院信息化3.0版主体框架已确立》,载《人民日报》2018年3月27日,第3版。

息化改革的成效均十分显著。[①] 以司法公开与司法透明为例，法院的信息化基础设施终于能够支撑全国范围内的裁判文书统一公开。从裁判文书上网这个视角来看，新时期法院信息化改革的成果不仅仅在于司法运行效率的大幅提升，其红利至少还体现在以下三个方面。

第一，法院信息化改革有助于法院更为充分地落实司法的基本价值和理念，提升司法的公信力。先进通信技术的运用必须有助于提升司法的公正、效率、公开等基本价值。如果这些技术无助于提升司法活动的基本价值，甚至与其背道而驰，那么相关改革将无法获得持续的支持。法院公信力对于维护法律的权威、保持社会的正常运转以及及时解决社会矛盾而言，具有十分重要的作用。生效的裁判文书原则上必须在网上统一公开，这有利于增强法官和当事人在司法活动中的严肃性，压缩“暗箱操作”的空间，有利于实现审判质效的提高，增强群众对司法的信任感。[②]

第二，新一代通信工具在司法中的运用有助于发现司法运行中的问题，从而起到倒逼改革的作用。裁判文书的网上公开使得实务界和学术界人士能够进行广泛的实证研究，进而从文书的视角发现裁判中存在的问题，这方面已经出现了若干成果。例如，有学者就指出裁判文书上网暴露出了基层法官的法学功底与业务能力存在较大的差异、裁判文书说理不充分、辩护律师的作用不显著、证据采信标准不统一、庭审走过场等问题。[③] 近年来，最高人民法院发布了

---

① 参见周翠：《中国民事电子诉讼年度观察报告（2016）》，载《当代法学》2017 年第 4 期，第 137～146 页。

② 参见蒋惠岭主编：《司法公开理论问题》，中国法制出版社 2012 年版，第 29～33 页。

③ 参见刘练军：《关于完善裁判文书网上公开制度的六点建议》，载《中国社会科学报》2016 年 5 月 9 日。

若干指导性文件,积极推进庭审实质化、强化裁判文书的说理、保障律师的辩护权等。这些政策的出台说明司法系统内部已凝练出相当多的改革共识,而裁判文书公开后暴露出的若干问题是推动改革的重要动力。

第三,通过利用新一代通信技术,法院本身也在积极地通过个案的方式推进司法改革。令人感到惊喜的是,改革并非总是顶层设计的结果,地方法院也在积极发挥主观能动性,并成为改革的重要发起者。2016 年南京市玄武区人民法院的一个民事案件就清晰地显示出了基层法院先行先试的努力。对于一起普通的离婚案件,玄武区人民法院将该院审判委员会针对该案的三种不同意见都写入了判决书中。不仅详细披露了审判委员会的分歧,主审法官还充分地解释了判决书选择第二种意见的原因。① 长期以来,审判委员会对个案的讨论和决定都处于不公开的状态。尽管批评人士认为玄武区人民法院对审判委员会意见的披露有违反保密义务的嫌疑,但是玄武区人民法院的做法符合司法公开的大潮流,这使得实务界和学术界开始再次反思审委会制度和副卷制度。②

四、信息化 3.0:智慧法院建设时期(2016 年至今)

以全国实现专网打通为基本目标的法院信息化 2.0 建设基本完成后,法院信息化改革仍在各级法院持续推进,依托专网和互联网的技术应用推陈出新,相关改革创新层出不穷。如果说前 30 年的法院信息化建设更多地在于整合法院审判资源、提升管理效率,那么

---

① 参见罗双江:《审委会观点有分歧,判决书写得清清楚楚》,载《扬子晚报》2016 年 1 月 17 日。

② 参见卢建平:《裁判文书公开的是与非》,载《中国法律评论》2016 年第 1 期,第 15 ~ 17 页。

法院信息化3.0阶段则更多地围绕诉讼交往各方，以提升诉讼公共服务水平。[①] 在2015年后的地方法院信息化改革中，最引人注意的是浙江和吉林两省法院发起的网上诉讼试点改革。这两省法院的网上诉讼改革的基本特征是包括起诉、立案、审理、判决在内的全部诉讼流程都在网络上进行。2015年4月浙江省高级人民法院批准杭州市西湖区、滨江区和余杭区的基层人民法院分别设立电子商务网上法庭。2015年6月吉林省高级人民法院批准设立吉林电子法院，把大量的诉讼活动由线下移到线上。这两地的网上诉讼程序开通后，审理了相当多数量的案件，为后续涉网案件的集中审理提供了有益的经验。

以法院信息化2.0建设和后续各级法院的积极探索为基础，最高人民法院于2016年提出了以信息化全覆盖为基本目标的法院信息化建设3.0版。2016年1月时任最高人民法院院长周强第一次提出了法院信息化建设3.0版的时间表——2017年年底总体建成，2020年年底前全国范围内继续深化巩固。随后法院信息化改革的形势发展很快，官方文件中“智慧法院”一词出现的频率远高于法院信息化3.0时期，成为新时期法院信息化改革的新关键词。与前期法院信息化改革主要在司法系统内部发起和运行不同，智慧法院建设已明显超出了地方试点的范畴，是国家顶层设计的产物，这一特点从国务院颁布的若干科技战略中就能窥见一二。

从2016年起，国务院开始密集出台与信息化、“互联网+”、大数据、人工智能相关的国家战略，试图通过积极的产业政策推动相关信息技术的发展与应用，把握新一轮信息技术革命的主动权。部

---

① 关于法院信息化的内部构建与外部构建的理论探讨，参见王福华：《电子法院：由内部到外部的构建》，载《当代法学》2016年第5期，第27~31页。

分战略规划也对智慧法院建设提出了要求，但是侧重点各有不同。国务院于2016年7月发布的《国家信息化发展战略纲要》从深化我国国民经济信息化改革出发，对智慧法院建设提出了要求。该纲要指出，智慧法院建设的目标在于提高诉讼全流程的信息化水平。国务院于2016年12月出台的《"十三五"国家信息化规划》把智慧法院视为善治高效的国家治理体系的重要组成部分。该规划强调应推行电子诉讼，建设完善公正的司法信息化工程。国务院于2017年7月发布的《新一代人工智能发展规划》则更多地强调人工智能在审判工作中的运用。根据该规划，智慧法院的内涵包括建设集审判、人员、数据应用、司法公开和动态监控于一体的智慧法庭数据平台，促进人工智能在证据收集、案例分析、法律文件阅读与分析中的应用，实现法院审判体系和审判能力智能化。从2013年起杭州、吉林等地法院自发开展网上诉讼的试点，取得了良好的成效，零星开展的网上诉讼从阶段化逐步向全程化发展。①

在国家相关科技战略的推动下，最高人民法院于2017年4月发布《关于加快建设智慧法院的意见》，该意见是目前关于智慧法院建设的最为详细和全面的规划。该意见明确了智慧法院建设的总体目标，即实现业务的全面网上办理，全流程审判执行要素的依法公开，面向法官、诉讼参与人、社会公众和政务部门提供全方位的智能服务。总的来看，未来法院信息化改革就是要在审判、司法信息公开和法院内部管理方面实现信息技术应用的重大突破。新时期法院信息化改革的主导力量是最高人民法院、各高级人民法院和东部发达地区有条件的若干中级人民法院。

① 关于阶段化与全程化网上诉讼的探讨，参见王福华：《电子诉讼制度构建的法律基础》，载《法学研究》2016年第6期，第97～99页。

五、小结

我国法院信息化、智能化建设按照开发应用重点的不同可以分为四个循序渐进的历史阶段，从电子计算机的普及应用，到建设最高人民法院同各高级人民法院的局域网，再到建设覆盖全国四级法院的法院专网，最后到开展智慧法院的建设。从发展脉络来看，我国法院信息化、智能化建设大体遵循由中央发起、由上而下传导至地方的路径，呈现最高人民法院发布规范性文件牵头，地方法院积极响应和推进的态势。最高人民法院和各高级人民法院扮演了政策的制定者、先行者和实施者的多重角色。从开发应用的内容来看，我国法院信息化、智能化经历了从单一到全面、从粗略到详细的沿革过程。早期的法院信息化主要针对信息化硬件建设，目的是方便文字录入与统计。随后法院信息化的发展目标逐步扩展，研发和推广的技术越来越丰富，覆盖了几乎全部的诉讼流程以及法院管理流程，并向智能化方向快速迈进。

整体而言，我国智慧法院建设所设定的目标带有明显的承上启下的特征。承上是指继续深化持续30多年的法院信息化改革。最高人民法院于2017年颁布的《关于加快建设智慧法院的意见》对如何推进法院信息化、智能化建设进行了较为全面的规划。尽管覆盖面广，但该意见提出的改革步伐较为谨慎，更多围绕信息化而非智能化，例如该意见提出的全业务网上办理、全流程要素依法公开、用先进信息技术提高法院管理水平等原则性目标都更多属于信息化建设的内容。因此至少在当前阶段，推进智慧法院建设仍然属于法院信息化建设的内容，具体体现为互联网技术、大数据资源的深度应用。该意见关于智能化建设的表述相对较少，内容泛泛，关键词“信息”共出现了63次，而“智能”却只出现了19次。总体而言，当前的智能法院建设更多旨在夯实法院互联网与大数据应用的基础。启下是指该意见对智能化建设提出了有限且基本的要求,这是智慧法院建设的开端。未来通过各地法院的自主积极探索,司法智能系统开发和应用的创新成果不断涌现时,顶层设计的目标将得以适时更新。

可喜的是,在中央政策支持和案多人少等现实压力下,各地法院充分发挥能动性,积极开展司法智能系统的研发和应用。各地法院的开发思路和目标各有侧重:杭州电子商务法庭和吉林电子法院侧重于诉讼全流程的网上办理,而河北法院智审系统旨在解决电子卷宗的快速生成和深度利用问题,上海刑事案件智能辅助办案系统则将突破口放在刑事证据的认定上,而苏州市中级人民法院的智能化建设则瞄准电子卷宗的同步生成与语音转化。此外,杭州、广州和北京互联网法院则开启了智能应用全面试点的改革,并从技术应用的探索逐步扩展到诉讼规则的探索上。可见我国智慧法院建设经历了地方各高级人民法院多头探索到中央授权三家互联网法院集中先行试点的发展过程。这一阶段智慧法院建设的初步经验得以积累,建设过程中也暴露出若干普遍存在的问题。我国法院信息化、智慧化建设并非一蹴而就,目前的良好发展态势背后的制度逻辑与动因值得深究。此外我国法院信息化建设的历程较长,对这一历程进行梳理和总结也是加深理解智慧法院的关键。下一章将对这些问题展开集中探讨。

第四章　智慧法院诉讼平台建设：理念与现状

平台化是当代经济社会发展的新现象，是国民经济信息化发展到一定阶段的产物。过去十年以来，全球范围内平台企业快速发展壮大，已经渗透经济社会的诸多方面，并有取代传统经济模式的势头。作为人类社会最为古老的服务提供实体，各国政府也在试图借鉴平台化的模式，将平台同政府机构改革、公共服务供给等融合起来。以平台为基础架构，行政与司法活动能够更好地开展，并能够快速地同大数据、“互联网＋”和人工智能等先进互联网技术结合起来，极大地提升公共服务质效。本章将追本溯源地探讨平台模式的内涵与基本框架，梳理我国地方法院诉讼平台的构建历程与现状。

一、法院诉讼平台的含义和演变

（一）诉讼平台的含义

学界对于平台这一概念并没有形成统一的认识。这一概念在不同的学科中都有所运用，且表现出不同的内涵。在军事科学领域，航空母舰便是现代战争中重要的综合作战平台。在市场经济语境下，平台原始的含义是为潜在的多元用户提供产品和服务的场所。按照平台扮演的角色的不同，可以将平台分为交易型平台和非交易型平台。[1] 市场经济中常见的大型平台往往同时扮演这两类角色。[2] 在交易型平台中，平台主体扮演中介的角色，负责基础架构建设、规则制定和争议解决，而多元的第三方则在平台上开展交易，实现各自的目标。在非交易型平台中，平台主体则抛弃了独立居中的身份，直接参与到交易过程中来。从纠纷解决或者司法的角度来看，平台便是集中解决纠纷的特定场所。从裁判者的角度来看，其更多地参与到纠纷解决的实际中去，并依据既定的法律规范进行裁判。除了司法裁判以外，法院诉讼平台还具有多项纠纷解决的功能，如和解、调解等，这时作为平台主体的法院更多地处于中立与中介的地位。从一个较为宽松的定义来看，古代自然形成的集市是最原始的商品交易平台，而依靠某种机制在特定的场所开展裁判活动则是纠纷解决平台的雏形。

（二）诉讼平台的演变

从历史上看，诉讼平台的演变可以分为如下四个阶段。

第一个阶段是古代诉讼平台。早期人类社会的成员并没有违法犯罪的主观认识，而更多存在的是以牙还牙、以眼还眼的同态复仇实践。这一时期，社会共同体内部已经产生了纠纷解决的需求，也有了“诉”和“讼”的意识。人们往往自发地在特定的时间、特定的地点开展解决争议的活动。但那时解决争议的难点更多地指向事实认定，由于手段和认识的落后，当时的人们往往无法还原事实的真相，而是采取诉诸神明、心理威慑和抽签抓阄等手段决定惩罚的对象。古代两河流域，被诬告行为不检点的妇人可以通过诉诸神明

---

① See Rochet J. C., & Tirole J., *Platform Competition in Two-sided Markets*, Journal of the European Economic Association, 2003, p. 990 – 1029.

② See Filistrucchi L., Geradin D., & Van Damme E., *Identifying Two-Sided Markets: World Competition*, Law & Economics Review, 2013, p. 33 – 60.

来证明自己的清白,具体的办法是跳进河里并观察是否能够浮起来。[1] 我国古代也有类似的传说,独角兽獬豸承担了决讼的功能,它所触碰的当事人便是有罪的当事人。[2] 我国古代断案小说中也有神判的痕迹。传说包公正坐堂审案时,忽然堂前阵风四起,堂下皂吏被吹得睁不开眼。怪风停后,包公案前吹来一片树叶。包公顿觉奇怪,于是四处收集线索,来到当地白鹤寺,在树下掘地发现女尸。当夜包公梦见一女子哭诉如何被寺僧所害,此案遂破。[3]

由于时间久远,史料或者传说仅留下早期人类社会纠纷解决的些许片段。这些故事往往在真实性、准确性和代表性上存在问题,通常只有那些极端的和特别引人注目的案例流传下来。这一时期,以牙还牙、以眼还眼的同态复仇模式还相当普遍。这也就意味着在早期人类社会,纠纷解决模式是分散的,而该项权力是高度分化的,表明共同体的纠纷解决平台的作用尚不凸显。尽管不明显,但是早期人类社会的集中式的纠纷解决机制仍然具有很强的生命力,其可能具有和解、调解和消除误解的功能。当矛盾或者不满发生时,全体氏族成员聚集在一起,通过倾听和某种方式的投票,达到化解纠纷的目的。实际上,早期人类社会需要一种在不同成员之间进行信息交换的功能,而承载该功能的平台便是直接民主制。

随着农业文明的进步,人类社会纠纷解决逐渐脱离神判,由决疑变为特定有权机关的纠问,以定分止争。古代社会纠问式的司法模式使得纠纷解决平台化的特征更为明显。这是因为无论是西方社会还是东方社会,古代政府逐渐不再允许复仇,纠纷解决权进一

① 参见邓子滨:《诉讼模式如何影响审判结果》,载《读书》2019 年第 6 期,第 61 ~ 63 页。

② 参见瞿同祖:《中国法律与中国社会》,商务印书馆 2010 年版,第 288 ~ 289 页。

③ 参见(明)安遇时:《龙图公案》,路尧点校,敦煌文艺出版社 2009 年版,第 68 ~ 70 页。

步集中到政府。无论是控审分离还是审控不分的模式,都意味着司法权被政府收走,实现了“平台化”的转变。司法权的高度集中有其历史意义,这一变革推动了政府权力的内部分工,在一定程度上促进了纠纷解决的专业化并提高了其独立性。

第二个阶段是工业时代的诉讼平台。工业时代来临后,人类生产生活发生了重大变化。在经济上表现为社会化大生产,人类物质财富急剧增加。在社会上表现为城市化进程加快,人口向城市聚集,传统的小农社会逐渐消失。在法律上表现为知识产权、隐私权、环境权等新兴权利开始出现,新兴资产阶级开始要求从根本制度上保障文艺复兴以来思想家们提出的民主、自由与平等等基本价值。随着上述重大变革的出现,人类社会对于纠纷解决的质效也提出了新要求。控审分离成为主流司法模式,调解、和解和仲裁逐步兴起,成为纠纷解决的新途径。

工业时代来临后,19 世纪末英国宪法学家戴西关于司法的理论逐渐被各国接受。戴西在其名著《宪法学导论》中论述道:(1)唯有法庭才能判定某个公民违法,从而施以刑罚;(2)无论社会、经济和政治有多大差异,没有人能凌驾于法律之上,即在法律面前人人平等;(3)法治国应承认由法院的判决所创设的私人之权利。戴西理论下的法院不仅是行使司法权的唯一机关,而且还具有通过判例创造纠纷解决规则的功能。在工业时代,对抗制成为重要的诉讼模式,即便是实行纠问制诉讼模式的法院也开始吸收对抗制的某些特点,要求保障控辩双方充分辩论的权利。随着司法的高度制度化,处于中立与超然地位的审判者更加具有平台主体的外观,其既为纠纷解决提供特定的场所和规则,还以特定的第三人身份介入纠纷处理的过程,并据此创造出新规则。

第三个阶段是与信息化相融合的诉讼平台。近代以来,通信技术的快速发展不仅极大地促进了经济社会的发展,也给法院带来了极大的变化。最为显著的变化是法院开始更为能动地解释法律规则,以适应社会的重大变迁。在 1928 年罗伊诉美国案中,美国警方采用电话监听的方式秘密获取了犯罪嫌疑人罗伊的通话内容,并将录音作为证据提交法院。控辩双方围绕电话监听是否属于美国宪法上的非法搜查展开了激烈的辩论。尽管美国联邦最高法院多数法官的意见支持了控方,但该案表明随着联邦技术的发展,法院在适用宪法和法律时将发生巨大变化。[①] 在 1967 年卡茨诉美国案中,美国联邦最高法院推翻了先例,正式承认未获得法院许可的电话监听属于非法搜查,录音不得作为呈送法庭的证据使用。[②] 可见随着通信技术的发展,传统立法中的非法侵入不一定要亲自"登门入室",远程的监听也被纳入非法搜查的范畴。

除能动地应对法律的变迁外,法院也在积极地与先进通信技术融合以提升审判效能。20 世纪中叶以前,美国法院已经普遍地运用电话与诉讼参与人开展交往活动。20 世纪 60 年代中期,美国加利福尼亚州的地方法院创造性地在小额案件中开展电话听审活动,主要涉及非证据事项的听证。[③] 电话作为缩短法院和原告、被告物理距离的工具能够起到节约成本,加速推进诉讼的作用。需要注意的是,电话听审活动本身在当时的美国并没有明确的法律依据。电子计算机和因特网的发明和使用极大地扩展了人们的交往范围,司法活动的空间和效率也随之得到了极大的提升。20 世纪 70 年代,美国率先调整诉讼程序,授权法官收集和使用以电子方式存储

---

① See Olmstead v. United States (1928).

② See Katz v. United States, 389 U. S. 347 (1967).

③ See J. Allison Defoor, *Special Topic*, *Telecommunications in the Courtroom*, University Miami Law Review, 1984, p. 594 - 598.

的信息。[①] 20 世纪 80 年代起,英国地方法院开始引入司法信息管理系统和计算机辅助系统。[②] 值得注意的是,理论界较早地开始研究如何将以计算机为背景的数理逻辑同司法说理结合起来,以提升司法的效能。早在 1970 年就有美国学者以人工智能与法律说理为主题在《斯坦福法律评论》上发表文章,认为法学和计算机科学融合的时代即将到来。[③] 他们认为这两个学科的融合不仅有利于提升法院解决法律问题的能力,也有利于提升计算机处理法律问题的能力。[④]

我国法院的信息化从 20 世纪 80 年代中期起步,逐渐成为推动法院发展的重要动力。与信息化相融合的诉讼平台极大地扩展了其功能,使得法院能够跟上国民经济信息化的发展趋势,并与电子政府改革齐头并进。对于我国而言,法院利用信息化改造司法功能的典型例子是 2013 年开通的中国裁判文书网。该网站的开通使我国裁判文书的公开实现了全面的平台化、一体化。

第四个阶段是全流程线上诉讼平台。以 2015 年杭州电子商务网上法庭的设立为标志,我国法院开始探索搭建全流程线上诉讼平台。2017 年最高人民法院在《关于加快建设智慧法院的意见》中全面阐释了全流程线上诉讼平台的具体含义。该意见提出"智慧法院是人民法院充分利用先进信息化系统,支持全业务网上办理、全流程依法公开、全方位智能服务,实现公正司法、司法为民的组织、建

---

① See Miklós Kengyel, Zoltán Nemessányi Editors, *Electronic Technology and Civil Procedure, New Paths to Justice from Around the World*, Springer, 2012, p. 33 – 35.

② 参见[英]理查德·萨斯坎德:《法律人的明天会怎样?——法律职业的未来》,何广越译,北京大学出版社 2015 年版,第 111 ~ 112 页。

③ See Bruce G. Buchanan and Thomas E. Headrick, *Some Speculation About Artificial Intelligence and Legal Reasoning*, Stanford Law Review, 1970, p. 40 – 62.

④ See Bruce G. Buchanan and Thomas E. Headrick, *Some Speculation About Artificial Intelligence and Legal Reasoning*, Stanford Law Review, 1970, p. 40 – 62.

设和运行形态”。可见搭建全流程线上诉讼平台是智慧法院的内在要求,而全流程线上诉讼平台的建设是对传统法院从内到外的整体性重塑。从内部来看,全流程诉讼平台的建设使得法院构建全要素集约化信息网络体系、司法全业务融合应用体系和全方位信息资源及服务体系,通过司法数据的无障碍流动和共享实现司法机关内部管理水平的显著提升。从外部来看,全流程诉讼平台的建设使得法院诉讼流程得以再造,推动审判工作高效有序运行,破解执行难题,提升司法公开的水平。同时诉讼平台上利用大数据和人工智能技术,具备提供精准司法智能服务的能力,最终推动审判工作的不断提升。当司法的模式发展到全流程线上诉讼时,法院的平台特征便更加明显。通过数据的高效流动,诉讼平台能够实现法院与外部相关单位的高效业务协同,能够实现立案、信访、调解工作的有效对接等。

二、我国地方法院网上诉讼平台的构建

如果将诉讼流程的网络化运行视为法院诉讼平台建设的开端的话,我们可以认为诉讼平台建设在2000年年初就已出现。2017年以后,网上诉讼平台建设呈现出依托智慧法院的改革战略、中央政策推动、地方高级人民法院和个别中级人民法院积极探索的局面。经过近几年的努力,诉讼平台建设已经由点及面地展开,初步的格局已然形成。本部分按照开发应用的先后顺序,选取诉讼平台建设的典型个案进行描述和分析,旨在把握诉讼平台建设的发展脉络,明确建设进度与规划的距离。[①]

① 关于智慧法院建设的其他总结与分析,参见周翠:《中国民事电子诉讼年度观察报告(2016)》,载《当代法学》2017年第4期,第137～148页;侯学宾:《我国电子诉讼的实践发展与立法应对》,载《当代法学》2016年第5期,第3～13页。

(一)早期的探索

将司法诉讼的流程转移到互联网上是诉讼平台建设的首要内容,也是实现大数据、机器深度学习等新兴信息技术应用的前提条件。改革开放以后,社会经济日趋活跃,人们的流动性显著加强。物理距离的增加提高了当事人应诉的成本,也给法院的审判工作带来了很大的挑战。从2004年起,我国一些地方法院开始探索网上庭审的模式。2004年,广东省汕头市龙湖区人民法院利用电子邮件审判了一起跨国离婚案件。该案中有一方当事人在加拿大,法官与两位当事人通过三封电子邮件查清了案件的事实和双方一致同意离婚的意见,从而审结了此案。[①] 2005年,贵州省榕江县人民法院利用当时普遍流行的即时通信软件腾讯QQ审理了一起离婚案件。与前案类似,被告在外打工,不愿为了应诉请假返乡,于是当地法官利用QQ软件的短消息功能进行即时审理和调解。截至2011年5月底,该法院的“QQ法庭”共审理案件60余起。[②]

早期的网上庭审实现了文字的网上即时传输,不久其他地方的法院更进一步,开始探索采用视频语音技术进行网上庭审活动。2007年1月,福建省沙县人民法院的法官同双方当事人的庭审活动在QQ软件上通过开启视频语音进行。[③] 随着QQ、微信等即时通信软件功能的不断提升,法院网上庭审的实践呈现越来越普遍的趋势。2010年9月为了给诉讼当事人提供更为便捷的应诉环境,也为了提升法院的工作效率,北京门头沟、延庆、怀柔、平谷和密云等区

---

① 参见黄珊、粤法新:《不堪名存实亡涉外婚姻,电邮审结一桩跨国离婚案》,载《信息时报》2004年7月31日。

② 参见罗应滔、罗茜:《法官当群主聊QQ审案五年,审案60起》,载《贵州都市报》2011年5月31日。

③ 参见宋伟:《中国法官首用QQ跨国审案》,载《民主与法制时报》2007年1月9日。

县的法院试点民商事上诉案件远程视频庭审工作。当事人不再需要赴上述基层法院对应的中级人民法院参加上诉案件的庭审,而是只需到就近的基层法院或人民法庭参加线上庭审即可。[①] 2011 年 12 月,北京市东城区人民法院的法官利用远程视频技术审理了一起公交扒窃案件。[②] 2015 年 12 月河南省郑州市中级人民法院的法官通过微信建立法官、原告、被告的微信群,在群中进行庭审询问。[③]此后不久,江苏省阜宁县人民法院的法官采取在微信上发信息交流、开展语音和视频对话等方式,查清了案件事实、送达地址等信息,并开展了调解工作。[④]

早期网上庭审的探索主要是基层法院基于现实的迫切需要自发启动的。这反映出具有创造性的法官开始通过个案的方式对整个司法实践乃至法律体系进行创造性的信息化升级,诉讼理念与运作方式的变革初现端倪。[⑤] 这些实践产生了立竿见影的积极效果,原本因为诉讼成本过高而放弃诉讼的当事人得以参与到诉讼中来,无论对于法院还是当事人而言,都是有益的探索。更为重要的是,早期网上庭审的顺利开展打消了部分舆论的顾虑,起到了解放思想的效果,为后续的探索奠定了一定的思想和舆论基础。这一时期的探索呈现以下三个主要特点:第一,互联网技术覆盖审判流程的范

---

① 参见李京华:《北京部分法院试行远程视频庭审》,载新浪网,http://news. sina. com. cn/c/2010-08-31/143821010214. shtml。

② 参见编辑部:《北京远程视频庭审扫描》,载《法庭内外》2012 年第 2 期。

③ 参见李贵刚:《通讯:中国首例“微信庭审”诞生记》,载中国新闻网,http://www. chinanews. com/sh/2015/12-19/7678435. shtml。

④ 参见殷芹、曹芹:《阜宁法院首用微信调解“跨国”离婚案》,载中国江苏网,http:// jsnews2. jschina. com. cn/system/2016/03/21/028160641. shtml。

⑤ 关于智能时代法律价值与法律关系变革的理论研讨,参见马长山:《智能互联网时代的法律变革》,载《法学研究》2018 年第 4 期,第 20 ~ 25 页。

围还十分有限。局限性集中体现在仅有部分审理环节实现了一定程度的网络化,且互联网和软件的发展程度偏低。法院主要借助QQ、微信等商用即时通信软件,尚未开发出针对诉讼的专门软件和系统。第二,这类案件的共同点在于当事人远在外地,但案情较为简单且争议不大,相当一部分是离婚等家事纠纷。尽管按照《民事诉讼法》的相关规定,在没有重大争议的情况下,法院可以缺席审判。但是为了保障双方当事人的合法权益,避免引发新的社会矛盾,法院选择了网上审理的方式。第三,网上庭审获得了双方当事人的同意。当事人的同意确保了网上庭审的顺利进行,同时在一定程度上消解了外界对这一新型庭审方式合法性的担忧与质疑。

(二)杭州电子商务网上法庭和吉林电子法院

2013年以后,针对互联网经济快速发展和涉网纠纷案件剧增的趋势,杭州、吉林等地的法院开始试点全流程网上审理,杭州法院的探索尤为显著。2010年起,杭州地区数字经济迅猛发展的同时,也产生了越来越多的涉网纠纷。如杭州的西湖区聚集了众多互联网金融企业,涉网金融案件数量逐年大幅增加。[①] 到2015年,仅与淘宝和天猫平台有关的网上购物纠纷就有400余万件。尽管这些纠纷大多由平台自行处理,但是仍然有极小部分流入当地法院,使杭州法院受理的涉网纠纷年均增长300%,给当地法官带来了不小的办案压力。[②] 2013年至2016年,杭州地区的法院,尤其是西湖区、滨江区、余杭区人民法院受理的涉网案件的数量就从2013年的600起猛

① 参见孟焕良:《杭州西湖:电商网上法庭与你"来来网网"》,载《人民法院报》2015年9月7日。

② 参见孔令泉、张兴平:《"智慧法院"之浙江实践》,载《法治与社会》2016年第4期,第32页。

增到 2016 年的一万多起。[①] 这一时期，仅余杭区人民法院受理的以本地大型互联网平台企业为当事人的案件数量就达 3053 起，其中 2015 年全年受理了 2205 起，同比上升 331.5%。[②] 现实的需要推动了法院运行模式的创新。实际上，早在 2012 年，浙江省高级人民法院就开始探索网上司法拍卖，取得了良好的社会效果和效益。

2015 年 4 月浙江省高级人民法院决定在西湖区、滨江区、余杭区三家基层人民法院设立电子商务网上法庭，这三个网上法庭分别管辖网络支付纠纷案件、著作权纠纷案件和交易纠纷案件；杭州市中级人民法院负责管辖上述纠纷的上诉案件。[③] 经过前期紧张的筹备，三家电子商务网上法庭于 2015 年 8 月正式开通。与之前的依托 QQ、微信等外部系统不同，电子商务网上法庭拥有专门的在线诉讼服务平台，当事人想在网上法庭发起诉讼的，可以登录该网站，通过手机号码进行注册，用支付宝进行实名认证。如果当事人勾选的起诉类型是电子商务交易纠纷，那么需要原告自行撰写的仅包括事实、理由，并填写电商账号；其余内容，如卖家信息、案由、管辖法院、诉讼请求等均只需选择系统自带的选项即可。

完成网上起诉的程序后，法庭的网上系统将即时发送案件信息至被告的手机、邮箱、阿里旺旺等终端，并通知被告登录网上法庭系统查看案件详情。被告上线注册应诉后，法庭随即组织原告和被告

① 参见王春：《互联网法院前身：电商网上法庭，开庭平均用半小时》，载《法制日报》2017 年 6 月 2 日。

② 参见罗鑫、孔政、成文娟、梁锋、郎梦佳：《关于电子商务网上法庭运行情况的调研报告——以余杭法院的实践为样本》，载余杭区人民法院官网 2016 年 6 月 30 日，http://yuhang.zjcourt.cn/col/col1352021/index.html。

③ 参见《浙江省高级人民法院关于同意杭州市中级人民法院等四家法院专设电子商务网上法庭的批复》。

进行线上诉前调解。在一名调解员的主持下,原被告双方就纠纷进行调解,如果在 15 日的调解期限内双方不能达成和解意向,则案件转入立案法官处,由法官对案件进行审核,决定该案是否受理。

网上法庭受理案件后,原告和被告可在网上收到法庭推送的受理(应诉)和举证通知书、权利义务说明书等诉讼文书,被告同时可看到原告提交的起诉状、证据等。在举证阶段,原告和被告可在系统内上传证据,被告可上传答辩状和管辖异议申请。在质证阶段,法庭系统对证据的"三性"(真实性、合法性和关联性)设置了相关选项,当事人可勾选认可或不予认可,并可对证据的效力进行补充说明。在庭审阶段,法官与当事人可通过各自电脑终端进行在线视频沟通。最后法院作出的判决书将上传至系统,供双方当事人查阅。试点法院制定了若干规范性文件,目的是给当事人参与网上诉讼提供便捷的、具有可操作性的指引。①

杭州电子商务网上法庭的审判试点取得了良好的效果。至 2016 年 8 月底试点工作满一年时,杭州地区的三家基层试点法院共收到立案申请 14,000 余件。在这些申请立案的案件中,调解撤诉 296 件、撤回 4000 余件、不予受理 2300 余件、退回近 6000 件、待立案 500 余件、审理中 33 件、撤诉 600 余件、管辖异议成立 2 件、判决 106 件。② 余杭区人民法院负责审理的产品责任纠纷案件是网上法庭审理的主要案件类型。到 2017 年 6 月,电子商务网上法庭即将完成历史使命,被杭州互联网法院取代时,三家法庭在线受理各类案

① 这些规范包括《杭州市中级人民法院关于涉电子商务纠纷案件审判疑难问题的解答》《杭州市西湖区人民法院视频网络审判操作规程》《杭州市余杭区人民法院电子商务网上法庭操作规程》等。

② 参见陈辽敏:《电子商务网上法庭的探索和实践》,载《人民法院报》2016 年 10 月 12 日。

件申请总数为 22,700 余件,开庭平均用时半小时,取得了显著的社会效益。[①]

电子商务法庭两年的审判实践体现了如下几个特点。第一,案件当事人分布于全国却又相对集中在若干省份。据统计,原告集中来自浙江、湖南、安徽、四川、广东、湖北、河北、河南、福建等省。第二,在占案件多数的产品责任纠纷中,职业打假人的身影频繁出现。在余杭区人民法院接收的产品责任纠纷立案申请中,职业打假人提起的申请占总数的 98% 以上。据统计,在短短的一年时间里,在余杭区人民法院提起 10 件以上纠纷的当事人达 30 余人。[②] 第三,平台企业一般作为第二被告参与诉讼,但从结果来看,法院并未将责任分配给平台企业。由于其具有比较强大的法务团队,并经过多年的司法实践,这些平台企业一般能够避免承担赔偿责任。原告将平台企业作为第二被告主要是基于寻求案件管辖联结点的需要。第四,纠纷涉及的金额较小。标的在 1 万元以下的案件占案件总数的比例在六成以上。可见,网上电子商务法庭的开通大大降低了当事人出于成本的考虑而放弃诉讼的可能性。

杭州网上诉讼的试点工作在取得阶段性成果的同时,也显露出若干问题。第一,当事人回应法庭系统通知不及时。被告在接到系统自动发送的通知后,经常出现不愿意选择关联案件或者确认送达的情况,致使网上诉讼无法推进下去。相当部分的案件申请由于被告未进行线上确认而被迫转到线下,导致司法资源的浪费。此外,

---

① 参见王春:《互联网法院前身:电商网上法庭,开庭平均用半小时》,载《法制日报》2017 年 6 月 2 日。

② 参见罗鑫等:《关于电子商务网上法庭运行情况的调研报告——以余杭法院的实践为样本》,载余杭区人民法院网 2016 年 6 月 30 日,http://yuhang.zjcourt.cn/col/col1352021/index.html。

案件进入诉讼程序后,常出现当事人未能在系统规定的截止日期前完成各个阶段任务的情况。为此承办法官需要花费额外的时间进行通知、指导和督促等事项,降低了网上诉讼的效率。

第二,支撑网上诉讼的软硬件设施尚不完善。杭州法院搭建的诉讼平台尽管实现了大部分流程的在线审理,但是系统设置的功能比较简单,对使用者的友好程度和智能程度还不高。承办法官往往需要在若干账户中频繁切换,影响了办案效率。自动生成的诉讼文书的内容和格式还有较大的改进空间。当事人的软硬件设备和网络状况也是影响网上诉讼效果的重要因素。尽管法院的技术人员会提前一周对原告和被告的电脑进行测试,但是庭审时当事人无法接入、网络中断、视频和声音不清晰等状况频繁出现。由于上传到系统的电子证据颗粒度较大,这对法庭的证据认定工作也产生了较大影响。另外,不同类型的案件网上庭审的效果也存在较大差异。由于同质性较高且数据导入便利,网上交易纠纷案件的审理较为顺利。但是由于著作权纠纷案件的网页截图、原创声明等重要证据无法自动导入,这类案件进入网上法庭的数量就极为有限。[①]

与杭州电子商务法庭同时开展试点是吉林电子法院。2015 年 6 月 19 日,吉林电子法院正式开通运行,本省 93 家法院接入统一的诉讼平台(网址:www. e-court. gov. cn)。该法院旨在将立案、质证、开庭、审理、执行等审判工作搬到网络空间中去,把之前相对独立的业务专网和“孤岛”有效地连接起来。电子法院管辖的案件类型较宽,囊括了一审和二审的民事案件、部分行政诉讼案件和简单的刑事案件。电子法院还是一个司法信息公开平台,该平台上公开的司法信

① 参见陈欧飞:《网上法庭的建设与发展》,载《人民司法(应用)》2016 年第 13 期,第 54 页。

息包括审判流程信息、裁判文书信息和判决执行信息，实现了立案、审理、决定和执行的全方位公开。① 电子法院运行效果良好，开通仅半年，电子法院共立案25,854起，其中一审民事案件24,377起。②

（三）河北法院智审系统

从2016年起，河北法院积极响应最高人民法院"电子卷宗随案同步生成及深度利用"的改革要求，将电子卷宗的生成作为建设智慧法院的核心内容。③ 河北省高级人民法院抽调地方法院的资深法官，会同法学学者和科技公司技术人员，共同研发了"智能审判辅助系统"（以下简称智审系统）。该系统主要解决电子卷宗随案生成及利用的问题。持续20多年的法院信息化改革使法官已经摆脱了手工制作诉讼文书的传统办案方式，几乎所有的文字材料都可以通过计算机输入，并通过网络传输。尽管电子化办公已经实现了办案效率的大幅提升，但是案多人少的矛盾依然越来越严峻。将纸质卷宗转化为电子卷宗的过程仍然占用了法院一线工作人员不少的时间和精力。河北法院通过研发审判需要的智能应用，简化电子卷宗生成的同时，强化电子卷宗的再利用，将一线法官从制作电子卷宗的工作中解放出来，具有现实的急迫性。河北法院的智审系统具备五项主要功能，详述如下。

第一，电子卷宗快速生成。传统的卷宗扫描需要事前将纸质文书归类，扫描时在不同的系统中切换、点击10次左右，总体而言效率

---

① 参见张淑秋：《吉林电子法院"e"流程变革审判方式——法院信息化建设不再满足于小修小补实现全业务全方位全天候全流程覆盖》，载《吉林人大》2015年第11期，第33～34页。

② 参见王常松：《吉林省高级人民法院工作报告》，2016年1月28日在吉林省第十二届人民代表大会第五次会议上。

③ 参见陈甦、田禾主编：《中国法院信息化发展报告No.3(2019)》，社会科学文献出版社2019年版，第213～227页。

不高。在启用智审系统后,书记员只需输入案号,通过一键扫描便可实现电子卷宗的制作。扫描到系统中的文档经识别后将自动归类到对应的电子卷宗目录下。对于扫描后文件出现的歪斜、倒置、污点、模糊等瑕疵,智审系统能够自动进行修补,确保保存的图像质量达到出版级别,方便后续电子卷宗的利用。[①]

第二,深度利用电子卷宗。便捷快速地实现对电子卷宗的多元利用是电子卷宗同步生成改革的关键。智审系统实现了电子卷宗的可视化缩略图浏览,法官可以在一个界面内完整地获取所有电子卷宗的图标,点击某一图标即可查看文书的具体内容;法官还可以切换成目录模式,点击相关标题即可查看该卷宗的页面。智审系统还配备电子卷宗的关键词检索功能,法官输入关键词后,便可迅速获得包含该关键词的卷宗条目,点击后便可跳出相关电子卷宗的页面。另外,法官可直接选取卷宗的相关部分,进行复制、粘贴等操作,从而实现对现有电子卷宗的利用。值得注意的是,通过扫描形成的部分电子卷宗存在字迹模糊或特殊符号等影响系统识别的问题。对于识别错误或者不明确的部分,法官还可以在线同后台技术人员及时沟通,对卷宗进行人工处理。

第三,简化司法文书生成过程。对于法官而言,撰写司法文书是审判工作中一项耗时、耗力的工作。大幅减少一线法官逐字敲入文字等重复性工作,使他们的精力集中在更有价值的地方,是河北法院开发智审系统的主要动因之一。该系统能够支持裁判文书的在线写作,同时智审系统各个子系统已打通,在线写作功能同其他系统功能能够实现便捷切换和保存,方便法官调取查看所需的文档

① 参见吴艳霞:《河北法院"智审1.0"审判辅助系统上线运行》,载《人民法院报》2016年7月5日。

和信息。对于部分格式较为固定的司法文书和结构简单、内容相似的裁判文书(如假释裁定书、减刑裁定书)等,智审系统能提供要素化程度较高的模板,供法官选用和填写。对于一般民事判决书的生成,智审系统支持抓取带入当事人身份信息、案号信息等常规必要信息,同时还支持带入当事人发表的意见。

第四,自动回填案件基本信息。案件基本信息表是法院全面把握司法运行状态的重要载体。但是长期以来,案件基本信息表的填写存在积极性不高、准确性和全面性无法满足司法统计需要等问题。其原因在于法官的工作负担已颇重,因而不重视填写案件基本信息表等重复性工作。智审系统能自动抽取上传起诉状中的基本信息,并回填到案件基本信息表中。法官因此免除了填写当事人身份信息、案件各个诉讼节点日期、案由等工作,从而减轻了法官的负担。对于从不同文书中抽取的同类信息存在不一致的情形,智审系统会自动提示,供法官甄别和勾选。智审系统所具备的自动回填案件基本信息表的功能,使得该系统满足最高人民法院提出的"司法统计与案件流程管理系统并轨"的要求,为未来同类司法辅助技术的开发奠定了基础。

第五,发现同类案件和类似案件。河北各地方法院的法官可借助智审系统迅速地了解当事人在河北省内的关联和类似案件,提示特定当事人的关联案件有助于法官认识案情、发现和防范虚假诉讼、识别职业打假人诉讼和矛盾判决。此外,智审系统还具备分级提供类似案件的功能,该系统能够向法官推送与当前在办案件相似的三类裁判文书,包括最高人民法院和各省高级人民法院发布的案例、本院及上级人民法院发布的裁判文书,以及其他地区法院发布的裁判文书。法官也可以通过关键词查找与在办案件争议点相关的裁判文书。河北省高级人民法院还组织搭建了法律检索数据库

“中国法律知识总库”，该数据库全面收集、提炼了法律规范和案例，为法官的办案提供了重要参考。

在强化系统开发与应用的同时，河北省高级人民法院还强调法院内部管理的改革，以适应智审系统的运用。[①] 2016 年河北省高级人民法院制定了《电子卷宗随案同步生成及深度利用的管理规定》。该规定对电子卷宗的制作与管理提出了原则性要求，涉及分级分段管理、随案同步录入、系统自动生成、明确各部门人员权责等内容。该规定还规定了电子卷宗制作规程、统一了全省卷宗目录的格式、明确了卷宗制作和归档的期限。相关的制度建设提升了法院对于智能系统管理的力度，增强了工作质效，加快了法院对新开发系统的运用和评估。

智审系统的运用经历了从点到面逐步扩大的过程。2016 年 10 月，智审系统的试验版本在河北个别基层法院试运行。[②] 2017 年 6 月起，智审系统正式在石家庄、廊坊等四地的中级人民法院及基层法院运行。2017 年 8 月起，该系统在全省推广部署。一线工作人员反映，智审系统的运用显著提升了审判工作效率。以扫描为例，以传统方式制作 10 个案件的电子卷宗通常耗时 3 ~ 4 小时，而采用智审系统后则将此过程缩减到 30 ~ 40 分钟。到 2017 年年底，河北省各级法院几乎所有的案件都采用智审系统上传电子卷宗，全省日均上传案件 5920 个，日均上传电子卷宗页数达 251, 125 页。[③] 一线法

---

① 参见李霁、丁力辛：《“五八六”工程为审判执行插上科技翅膀——河北高院全面推进“智慧法院”建设纪实》，载《人民法院报》2018 年 4 月 15 日。

② 参见敬亮、彦哲：《石家庄桥西 智审上线法官工作减量》，载《人民法院报》2017 年 9 月 25 日。

③ 参见陈甦、田禾主编：《中国法院信息化发展报告 No. 3（2019）》，社会科学文献出版社 2019 年版，第 227 ~ 230 页。

官和书记员在使用智审系统过程中不断积累经验、提出建议，为系统的升级完善提供动力。

（四）上海刑事案件智能辅助办案系统

党的十八大以来，我国人民法院共发现和依法纠正了34起重大冤假错案。时任上海市高级人民法院院长崔亚东认为，证据未能做到确实充分是导致这些案件出现的重要原因。2017年2月，按照中央政法委相关文件的要求，上海市高级人民法院开展刑事案件智能辅助办案系统的建设。随后上海市高级人民法院牵头，组织检察系统、公安系统等的64位业务骨干和215位科大讯飞公司的技术人员经过近3个月的研发，完成了该系统的初步建设。[①] 开发这套司法人工智能应用的主要目标在于：（1）统一上海地区政法系统办案证据标准的适用，为公安、法院等部门提供证据标准与规则的指引；（2）尽早发现并向公安、法院等办案部门自动预警证据所存在的问题，同时就办案各个环节证据是否充分进行提示，减少办案过程中的非法治性与不确定性。

为了给系统研发提供规则指引，上海市高级人民法院根据《刑事诉讼法》和相关司法解释，制定了《上海刑事案件证据收集、固定、审查、判断规则》，明确了八类证据"三性"问题的判断标准。研发团队以上海市的案例为大样本遴选了七大类罪名进行类型化分解，按照每类罪名的特点分别制定定罪量刑的证据标准。[②] 以盗窃罪为例，研发团队收集和分析了上海市基层法院已审结的盗窃案36,779起，将这些案件按照定罪所需证据的不同特点分为现场抓获型、重

① 参见崔亚东：《司法科技梦：上海刑事案件智能辅助办案系统的实践与思考》，载《人民法治》2018年第18期，第94～95页。

② 这7类犯罪是：（1）侵害人身安全类犯罪；（2）侵犯财产类犯罪；（3）金融类犯罪；（4）毒品类犯罪；（5）食品药品安全类犯罪；（6）破坏环境资源类犯罪；（7）职务类犯罪。

要线索型、网络犯罪型三类。[①] 系统开发所依据的刑事案件集中存储在上海刑事案件数据资源库中,该数据库内容丰富、结构复杂,囊括了证据标准库、电子卷宗库、法律法规司法解释库、办案业务文件库等子库。

刑事案件智能辅助办案系统的功能主要体现在两个方面。第一项功能是证据标准与规则指引。上海市高级人民法院组织的法律专家与算法专家团队共同拟定了71个罪名的证据标准指引,[②]这些案件主要是上海市常见多发、重大、新类型案件。此外,法律专家团队还按照立案、逮捕、侦查、起诉、审判等办案的不同阶段制定了证据标准的指引。为了提升证据标准设定的科学性和准确性,上海市高级人民法院还会同有关部门制定了《命案逮捕基本证据标准(试行)》《盗窃案件逮捕基本证据标准(试行)》等规范。上述已制度化的证据标准已转化到智能辅助办案系统中,并以可视化的方式呈现,实现了公检法三机关证据标准的统一适用。同时,办案系统能够在证据收集、固定、保存、运用等过程中提示办案人员应遵循的程序性规则。一线办案人员可通过计算机或者手机获得系统提示,操作快捷简单。

第二项功能是证据校验。基于大数据资源库中的证据大数据,该智能系统具备对案件所涉证据进行自动识别、定位和信息提取的功能,并主动将其同证据标准和规则进行校验,供办案人员参考。该系统不仅能够对单一证据进行校验,也具备对全案证据进行全面性和准确性检查的功能。办案系统能够分析证据中出现的关键要

---

① 参见严剑漪:《揭秘“206”:法院未来的人工智能图景——上海刑事案件智能辅助办案系统164天研发实录》,载《人民法治》2018年第2期,第38~42页。

② 参见崔亚东:《司法科技梦:上海刑事案件智能辅助办案系统的实践与思考》,载《人民法治》2018年第18期,第94页。

素(任务、地点、时间、工具等),并确定它们之间的关系,包括任务关系、时间关系、地点关系等,根据证据链模型,判断各类证据是否能够相互印证、是否符合逻辑等。目前,该系统已通过机器学习的方式初步实现了对各类证据的文字、笔迹、指纹、签章、图表的识别与提取,并能对证据进行自动校验。

上海刑事案件智能辅助办案系统于 2017 年 5 月正式上线运行,试点单位包括上海市的 6 家法院、6 家检察院和 13 家公安机关,该系统的初步运行状态良好。到 2018 年 12 月底,该系统共录入案件 24,983 件、证据材料 1,149,993 页,提供知识索引 6485 次,法院审结 3438 件。智能辅助办案系统于 2018 年 8 月实现上海全市三级公检法系统的复制推广。研发单位计划在较短的时间内将证据标准指引覆盖的范围扩展至所有常设罪名,录入的案件覆盖上海市所有常涉罪名案件,适用的对象包括所有一线办案人员。①

在刑事案件智能辅助办案系统顺利落地的同时,上海市高级人民法院将智慧法院改革拓展到行政审判领域,启动了行政案件智能辅助办案系统的研发和试点工作。研发团队首先选择政府信息公开案件作为突破口,在该类案件的立案、庭前准备、庭审、评议、裁判等五个常规阶段实现各有特点的智能软件的应用。②

(五)苏州"电子卷宗+语音识别"深度应用

与上述的试点不同,苏州市中级人民法院选择将电子案卷随案同步生成和庭审语音自动转换作为本地区智慧法院建设的重点。与河北法院智审系统研发的初衷相似,苏州市中级人民法院的研发

---

① 严剑漪、梁宗:《上海刑事案件智能辅助办案系统首次用于庭审》,载《人民法院报》2019 年 1 月 24 日。

② 参见葛翔:《司法实践中人工智能运用的现实与前瞻——以上海法院行政案件智能辅助办案系统为参照》,载《华东政法大学学报》2018 年第 5 期,第 67 ~ 71 页。

团队认为传统的电子卷宗制作存在诉讼材料整理不规范、扫描标准不统一、电子卷宗后期利用程度低等问题。为此,苏州市中级人民法院同技术公司研发了诉讼材料收发中心系统,集中处理一线法官的卷宗扫描工作。苏州市中级人民法院安排专职人员负责运行该系统,实现了电子卷宗的集中制作、保存,并及时导入法院审判管理信息系统。此系统的运用不仅大幅减轻了一线法官的工作量,还提升了电子卷宗的制作质量。① 利用该系统生成的电子卷宗可以在法院内部多个终端流转,例如合议庭可以通过法院审判管理信息系统实现诉讼材料在电脑上的完整浏览和流畅切换,这提高了审判的效率。苏州市中级人民法院采用的诉讼材料收发中心系统有效地降低了法官审判工作的事务性负担,优化了审判管理的方式。

苏州市中级人民法院在智慧法院建设上的另一大突破是运用语音识别技术实现庭审笔录的自动生成。传统较慢的庭审记录方式是制约庭审效率提高的重要因素。在庭审实践中,相当部分书记员的文字录入速度无法达到每分钟120字的基本要求。由于书记员录入较慢导致法院和诉讼参与人放慢语速、重复陈述甚至暂停庭审的情况屡见不鲜。苏州市中级人民法院连同科大讯飞公司,针对庭审实际,开发出了一套司法语音识别系统。经过九次迭代更新后,该系统已在苏州两级法院普遍运用。该系统通过预先设置庭审角色并进行标注,能够将说话人同识别结果联系起来,同时,在识别过程中,系统能够提示文字的错误和瑕疵,供书记员进行同步修订。该系统的运用使得庭审所需时间减少了三成左右,复杂案件的庭审

① 参见林子杉:《审判如何"智慧"　苏州这样装"科技大脑"》,载《人民法院报》2016年12月25日。

时间只有过去的一半,极大地提升了审判质效。[1]

(六)杭州、广州和北京互联网法院

杭州、广州和北京三家互联网法院是当前智慧法院发展的引领者。2015 年 4 月起在杭州市西湖区、滨江区、余杭区三家基层人民法院试运行的电子商务网上法庭审判试点工作达到了预期的目标。该审判试点实现了诉讼流程从线下转移到线上,证据收集实现了“电商平台一键式导入”,线上诉讼引导从零星化向全面结构化过渡。尽管试点取得了一些成效,但在传统法院与诉讼体制下,涉网诉讼的进一步发展面临诸多的障碍,这包括网上法庭的主体地位不明确、涉网诉讼规则不完善、司法大数据的潜在效用还未得到充分发挥、缺乏专业审判队伍等。杭州市中级人民法院经多次研讨后认为,在设立专门互联网法院的基础上,探索涉网审判体系和培育专门涉网审判力量是诉讼改革的必然方向。最后《关于设立中国(杭州)互联网法院的建议》及《中国(杭州)互联网法院设想方案》由杭州逐级上报至中央。这两份文件阐述了设立互联网法院的必要性,明确了其总体思路、目标定位、主要任务和受案范围。

2017 年 6 月 26 日中央全面深化改革领导小组第三十六次会议通过了设立杭州互联网法院的方案,这表明源自杭州的改革建议最终被中央采纳。[2] 2017 年 8 月 8 日最高人民法院印发《关于设立杭

---

① 参见苏州市中级人民法院:《苏州中院以“电子卷宗 + 庭审语音 + 智能服务”为核心,为法院信息化 3.0 版提供新模板》,载《法制晚报》2016 年 12 月 25 日;张恩杰:《震惊！苏州中院智慧审判 庭审笔录完整度接近 100%》,载新浪网 2018 年 5 月 11 日,http://k.sina.com.cn/article_2090512390_7c9ab00602000d58b.html。

② 会议强调,“设立杭州互联网法院,是司法主动适应互联网发展大趋势的一项重大制度创新。要按照依法有序、积极稳妥、遵循司法规律、满足群众需求的要求,探索涉网案件诉讼规则,完善审理机制,提升审判效能,为维护网络安全、化解涉网纠纷、促进互联网和经济社会深度融合等提供司法保障”。

州互联网法院的方案》,该方案要求,按照涉网纠纷处理的特点,在杭州设立互联网法院,集中管辖涉网案件,探索此类案件的诉讼规则,提升审判效能。根据该方案,杭州互联网法院依托杭州铁路运输法院设立,层级为基层法院,该法院集中管辖杭州市辖区内基层人民法院有管辖权的6类涉网案件。该方案要求杭州互联网法院实行"线上纠纷线上解决",起诉、调解、立案、庭审、判决、执行等诉讼环节全程网络化。杭州互联网法院的设立与运行属于智慧法院建设的小范围试点创新,试点期限为一年。[①] 试点期结束后,经最高人民法院评估、总结经验,将选择在数字经济发达地区增设同类型法院,推动相关诉讼制度和规则的完善。

杭州互联网法院设立后,相关建设全面展开,这主要体现在以下六个方面。

第一,建设与智慧法院要求相适应的基础设施。杭州互联网法院暨杭州铁路运输法院整体搬迁至杭州市钱潮路22号。新的审判建筑综合体按照互联网法院的各项要求改建而成,使用面积达7000余平方米,可容纳150人,全楼铺有50,000米的网线,办公室配备数字化设备,兼具办公、审判等多项功能。全院共有15个法庭,均配备高清数字远程审判、电子证据展示等系统,其中的9个法庭还配有语音识别设备。改造后的办公硬件能够满足互联网法院的运行需要。[②]

第二,扩充司法编制。目前杭州互联网法院的中央政法专项编制为15人,其中员额法官6人。最高人民法院已决定批准杭州互联

① 关于互联网法院定位问题的分析,参见杨秀清:《互联网法院定位之回归》,载《政法论丛》2019年第5期,第38~40页。

② 该内容是笔者团队赴杭州互联网法院调研所了解的信息。

网法院增加35个中央政法专项编制。杭州互联网法院获得扩编批准后，有规划、分阶段地向全国公开选调工作人员。杭州互联网法院近期正在选调工作人员，对申请人的学历要求较高——要求具有全日制法学硕士及以上学历学位，且本科为全日制法学专业或计算机类专业，这表明在互联网时代，网络审判工作对法官的法学理论功底和计算机与网络技术的有效运用等方面都有较高要求。35位被选调的工作人员到岗后，杭州互联网法院案多人少的矛盾将获得较大缓解。

第三，建立智库，获得法学专家的智力支持。杭州互联网法院与法学学者互动频繁，多次邀请高校知名法学专家对该院涉网案件审判团队进行专题培训。2017年10月30日，为了使专家咨询制度化，杭州互联网法院成立了专家咨询委员会，该委员会的成员包括法律界和科技界的专家。该委员会的成立有助于推动法院同学术界的互动，深化法院对涉网案件审判及相关制度改革的认识。2018年10月杭州市与华东政法大学合作共建互联网法治研究院（杭州），该研究院定位为研究涉网法律问题的智库，其将为互联网审判实践提供智力支持。

第四，积极推进诉讼平台和智能装备的应用。杭州互联网法院在创建之初就搭建了若干审判平台，能够有效地支撑网上诉讼、在线调解、证据提交与展示、诉讼文书送达、线上执行与司法大数据汇聚等全流程审判的核心业务，实现了案件从起诉到执行等各个诉讼环节的全程网络化。[①] 为了适应移动互联网迅速发展的趋势，杭州互联网法院不仅提供计算机端的诉讼服务，还提供移动端的诉讼服

① 参见陈东升、王春：《杭州互联网法院两周年带来了什么？》，载《法制日报》2019年8月15日。

务。杭州互联网法院率先探索人工智能在司法审判领域的运用。在前期网上法庭的基础上，杭州互联网法院已开发并应用多种智能应用，极大地推动了诉讼的进展，这些应用包括诉状自动生成、电子卷宗随案生成、电子证据一键导入、在线身份认证、庭审语音识别与文字转换、裁判文书实时生成等。目前杭州互联网法院的调解平台、电子数据平台、电子送达功能、电子签章系统、电子立案平台等已实现应用，各项功能持续改善。功能更为强大的智能审判辅助系统也正在积极研发过程中。[①]

第五，探索涉网诉讼新模式和新规则。杭州互联网法院在逐步完善涉网案件网上审理的同时，还试点异步审理模式。案件的当事人在规定的期限内可以非同步地参与诉讼的多个环节，这有助于保障当事人诉讼权利，提升审判效率。在规则制定方面，杭州互联网法院先后制定了《诉讼平台审理规程》《网上庭审规范》《异步审理模式规程》等规范性文件，形成了一套以诉讼平台操作规程、网络视频庭审规范为主要内容的程序规则，初步实现了在线诉讼流程的规范化运作。杭州互联网法院在集中管辖、专业审判的基础上，注重梳理和提炼涉网诉讼的经验，挖掘类案裁判规律并及时地固化成诉讼的指引性规范。

第六，拓展互联网法院的受案范围。杭州互联网法院设立之初，出于改革试点的谨慎考虑，管辖的案件范围较为狭窄。但是，随着互联网法院在线审理经验的积累，是否可以进一步拓展管辖范围就是一个值得认真考虑的问题了。例如，《关于设立杭州互联网法院的方案》确立的管辖范围并不包括跨境电子商务纠纷，而这类跨

① 参见黄洪连:《杭州互联网法院电子送达平台全功能上线》，载《杭州日报》2018 年 4 月 11 日。

境纠纷由于距离问题反而更加适合在线诉讼。2020 年 7 月 15 日,杭州互联网法院跨境贸易法庭正式成立,这是全国首个依法集中审理跨境数字贸易纠纷案件的人民法庭。随即跨境贸易法庭全流程在线审理了第一个案件——新加坡用户起诉网购平台浙江天猫网络有限公司网络服务合同纠纷案。①

杭州互联网法院的审判试点取得了显著成效。截至 2018 年 5 月底,该法院就已受理各类涉网案件近 9000 件,审结 5000 余件,已关联当事人的案件实现全部在线开庭审理,开庭平均耗时 25 分钟,平均审理期限为 46 日,比传统审理模式分别缩短了 60% 和 25% 的时间。② 截至 2018 年 8 月底,杭州互联网法院共受理各类涉网案件数量超过 12,000 件,审结逾万件。截至 2019 年 8 月底,杭州互联网法院共受理各类涉网案件 26,000 余件,审结近 20,000 件,服判息诉率超过 97% 。通过在线审理及智能软件的运用,诉讼参与方平均每年减少诉讼出行约 35 万公里,节约诉讼参与方时间约 115 万小时,节省纸张约 32 万张。③ 杭州互联网法院审理了涉及"比特币挖矿机""有声读物""职业索赔""网络炒信"等内容的在全国范围内具有相当影响力的热点纠纷案件,维护了网络空间的秩序。同时,杭州互联网法院还利用涉网纠纷调解和裁判的大数据,发布司法建议

---

① 杭州互联网法院:《全国首家跨境贸易法庭挂牌成立　开庭审理"第一案"　800 万人在线围观》,载杭州互联网法院官网,http://hztl.zjcourt.cn/art/2020/7/15/art_1225222_52498578.html。

② 该内容是笔者赴杭州互联网法院调研所了解的信息。

③ 参见吴帅帅:《再添新科技、解决新案件……杭州互联网法院成立两周年"步履不停"》,载百度百家号 2019 年 8 月 19 日,http://baijiahao.baidu.com/s?id=1642270122723288094&wfr=spider&for=pc。

和审判白皮书,协同推进网络空间治理。① 截至2022年8月15日,杭州互联网法院在5年间共结案81,443件,一案入选最高人民法院指导性案例,70余案被评为全国典型案例。②

杭州互联网法院的试点工作受到了司法实务界和法学理论界的广泛关注。北京、广东等数字经济发达地区纷纷请求中央在这些地方增设同类法院。2018年7月6日,在杭州互联网法院试点一周年前夕,中央全面深化改革委员会决定在吸收杭州互联网法院建设经验的基础上,设立北京互联网法院和广州互联网法院。《关于设立杭州互联网法院的方案》还授权最高人民法院抓紧制定关于案件管辖与审判规则的司法解释,为互联网法院的运行提供更为明确的指引。2018年9月6日最高人民法院发布《关于互联网法院审理案件若干问题的规定》,对互联网法院管辖、审理规则和适用《民事诉讼法》等问题进行了较为全面和细致的规定。

截至2023年4月,广州互联网法院智慧审理平台显示,该法院共立案15.5万余件,在线立案率99.93%,审结14.1万余件,涉案标的额超46亿元,电子送达10.7万余件,电子送达覆盖率99.97%,送达成功率93%,一审服判息诉率98.49%,庭审平均时长23分钟,案件平均审理周期63日。③ 广州互联网法院的年度工作报告显示,2021年全年新收各类案件53,274件,审结47,477件,法官人均结案数居全国三家互联网法院首位。广州互联网法院致力于

---

① 例如,杭州互联网法院于2019年8月13日发布《互联网金融审判大数据分析报告》,载浙江之声网2019年8月13日,http://www.am810.net/5724812.html。

② 参见临沭县人民法院信息调研团队:《杭州互联网法院:数据和算法十大典型案例》,载临沭县人民法院官网2022年9月28日,http://lylsfy.sdcourt.gov.cn/lylsfy/393876/tszs5176/8878820/index.html。

③ 资料来源:广州互联网法院网,https://www.gzinternetcourt.gov.cn/#/dataDisclosure。

深化在线智慧审理平台建设,整合 29 项在线诉讼服务,实现诉讼全流程“一次都不用跑”,“网上案件网上审理”新型审理机制获最高人民法院“点赞”。广州互联网法院依托“网通法链”智慧信用生态系统,集聚 30 多家数据调用单位,存储电子证据逾 2. 28 亿条,构建了以数据为驱动的智慧法院大脑。[①]

北京互联网法院于 2018 年 9 月 9 日成立后,该法院受理案件数量快速增长。截至 2023 年 4 月初,北京互联网法院公开审结案件 8 万余件,从案件类型来看,北京互联网法院受理较多的三类案件是涉网知识产权纠纷案件、网上购物纠纷案件以及网络侵权责任纠纷案件。[②] 在试点的一年内,北京互联网法院一审服判息诉率 98. 3% ,裁判自动履行率 98% ,庭审平均时长 37 分钟,案件平均审理周期 40 日。[③] 北京互联网法院积极探索全流程网上诉讼环境下的规则创新,积累了较多有益经验。2020 年 2 月,北京互联网法院发布《北京互联网法院电子诉讼庭审规范(试行)》,使全流程线上审理有了明确的规范指引。北京互联网法院还探索利用多种即时通信工具来实现司法文书的快速送达,如与阿里、京东等电商平台签订送达协议,在上述平台开设官方送达账号,通过淘宝“旺旺”、京东客服等常用即时通信应用进行线上送达。此外,北京互联网法院联合三大通信运营商及主要移动终端制造商,为法院账号建立官方认证身份,直接显示发送账号者的名称,并且保证该账号不受常见杀毒软件、

① 资料来源:广州互联网法院网,https://www. gzinternetcourt. gov. cn/#/dataDisclosure。

② 资料来源:北京互联网法院网,https://sspt. bjinternetcourt. gov. cn/ecourt/home/wsgk。

③ 参见《北京互联网法院审判白皮书》,载北京互联网法院网 2019 年 9 月 3 日,https://www. bjinternetcourt. gov. cn/cac/zw/1567483035819. html。

手机终端设置等的信息拦截。[①]

三、智慧法院诉讼平台建设的发展定位

发展定位问题是改革开放以来法院信息化、智能化改革需要解决的首要问题。无论是综合性的改革政策(如国务院的《“十三五”国家信息化规划》)还是专门性的司法改革政策(如最高人民法院发布的《关于设立杭州互联网法院的方案》和《关于加快建设智慧法院的意见》),都蕴含了对法院信息化、平台化、智能化改革的定位。通过总结、提炼相关政策文件,我们可以较为清晰地勾勒出智慧法院建设发展定位的整体规划。

近年来,互联网的运用拓展了社会经济的广度和深度,提升了人们社会经济交往的活跃度,这也导致涉网纠纷开始不断涌现,给法院审判工作带来了很大的压力。涉网纠纷的剧增带来的案多人少的矛盾在杭州地区法院体现得尤为明显。以淘宝平台纠纷为例,2016 年淘宝平台共产生网上购物等纠纷 700 多万件,而同期我国各级法院受理的案件总数为 1939.5 万件。[②] 虽然绝大部分淘宝平台上的纠纷通过其自身的纠纷处理机制得以化解,但是这些纠纷中的小部分也会进入司法程序,给当地法院的审判工作运行带来很大的压力。[③]

---

① 参见北京互联网法院课题组:《“互联网+”背景下电子送达制度的重构——立足互联网法院电子送达的最新实践》,载《法律适用》2019 年第 23 期,第 22~24 页。

② 2018 年《最高人民法院工作报告》并未直接给出 2017 年全国法院的受理案件数量,而是给出了 2013 年至 2017 年的总量 8896.7 万件;如此,结合前四年的工作报告的数据,可以得出 2018 年受理案件的总数为 1939.5 万件。淘宝平台纠纷的大致数量来自笔者 2018 年 6 月 23 日对阿里巴巴公司工作人员的访谈。

③ 2013 年杭州各基层法院受理涉网商事案件仅有 600 余件,2016 年这类案件的数量已突破 10,000 件,参见陈增宝:《构建网络法治时代的司法新形态——以杭州互联网法院为样本的分析》,载《中国法律评论》2018 年第 2 期,第 41 页。

实际上,2015 年 8 月杭州市西湖区、滨江区和余杭区的基层法院启动电子商务网上法庭的试点工作正是为了应对大幅增长的涉网纠纷,尤其是网络购物纠纷。[①] 杭州互联网法院在完善审理机制和提升审判效能方面有极为迫切的现实需求。截至 2018 年 5 月底,杭州互联网法院 8 位员额法官平均每人已审结近 800 个案件。[②] 在涉网案件数量持续快速增长而办案法官有限的情况下,将互联网科技作为提高审判效能的突破口是杭州互联网法院的唯一选择。[③] 与先前各地法院开展的局部信息化改革相比,杭州互联网法院具有明显的区位、技术和政策优势,其信息化和智能化所覆盖的审判流程更全面。设立杭州互联网法院的一项主要目标在于利用先进的信息技术完善司法运行机制,大幅提高审判效能,从而探索出一条在确保司法公正、司法为民的前提下卓有成效地解决案多人少难题的改革方案。

实际上三家互联网法院的设立并不是一项孤立的改革,而是我国信息化建设与法院信息化改造发展到一定阶段的产物。从这点来看,此项改革是一个持续发展的过程,设立三家互联网法院的相关文件中提出的要求可以被视作新时期司法信息化改革的起点。互联网法院建设的长期愿景不仅在于方案设计,也有赖于司法信息化和大数据、“互联网 +”以及人工智能等国家战略的政策支持。在最高人民法院的基本要求的基础上,我们还应该结合物联网、大数

① 截至 2017 年 10 月,杭州电子商务法庭共处理纠纷 2.3 万件,参见陈国猛:《互联网时代资讯科技的应用与司法流程再造——以浙江省法院的实践为例》,载《法律适用》2017 年第 21 期,第 4 页。

② 此项数据来自 2018 年 5 月 26 日笔者参加的杭州互联网法院试点工作情况介绍会议。

③ 参见陈欧飞:《网上法庭的建设与发展》,载《人民司法(应用)》2016 年第 13 期,第 52 页。

据和智能化的时代大背景,准确把握互联网法院的发展定位。从这个更为宏观的角度出发,可以总结出互联网法院的三个战略定位。

第一,互联网法院是一家以审理涉网案件为中心工作的基层法院。涉网纠纷是随着我国数字经济的迅猛发展而出现的新型纠纷类型。推动杭州互联网法院设立的主要环境动力就是妥善应对杭州本地的大量涉网案件,摸索和固化与之相配套的诉讼规则。根据《关于设立杭州互联网法院的方案》,杭州互联网法院集中管辖6类涉网案件,分别是:(1)互联网购物、服务、小额金融借款等合同纠纷;(2)互联网著作权权属、侵权纠纷;(3)利用互联网侵害他人人格权纠纷;(4)互联网购物产品责任侵权纠纷;(5)互联网域名纠纷;(6)因互联网行政管理引发的行政纠纷。2018年9月3日,最高人民法院审判委员会第1747次会议审议通过了《关于互联网法院审理案件若干问题的规定》,将北京、广州、杭州互联网法院集中管辖的案件类型扩展到11类。互联网法院的专门性具有明显的时代特征,是“互联网+”时代初级阶段的产物。随着网络空间的扩展,社会纠纷的涉网因素将越来越多,涉网纠纷占全社会纠纷总量的比例将逐步扩大。可以预见的是,在不久的未来,涉网案件将成为全国各级普通法院所接收的常见案件类型。因此从长远来看,互联网法院审理涉网案件的专门性将逐步弱化。尽管如此,我们不能因此否定当前互联网法院试点工作的重大意义。恰恰相反,未来社会纠纷的普遍涉网化凸显了当前互联网法院先行试点的独特价值。互联网法院对涉网案件的集中管辖就是为了积极探索涉网案件的诉讼规则,为应对未来全面涌现的涉网案件提供制度经验。可以说,随着未来互联网同经济社会的高度融合,互联网法院总结提炼的涉网诉讼规则将逐步具有普遍的适用性。

第二,互联网法院是我国法院信息化、平台化、智能化建设的集大成者。自1997年十五大报告将“推进国民经济信息化”上升为国家战略以来,最高人民法院出台了一系列旨在提高法院信息化水平的文件。① 我国法院信息化建设实践可以分为三期,分别是1.0版、2.0版和3.0版。法院信息化1.0版(1996~2007年)的主要改革是将计算机作为法院内部管理的辅助工具,在诉讼档案管理、人事管理、司法数据统计等方面由原先的纸质办公变为电脑办公。② 法院信息化2.0版(2005~2016年)则是打造覆盖全国所有3535个法院的专网,打通信息化1.0版形成的司法数据孤岛。③ 法院信息化3.0版(2016年至今)则将改革的重点从内部管理拓展到审判流程中来,致力于推动互联网、大数据和人工智能等现代信息技术同法院管理与审判工作的深度融合,以大幅提升审判效能。④ 近年来,在最高人民法院的系统顶层设计和政策支持下,各级地方法院展开积

---

① 据社科院法学研究所、国家法治指数研究中心的统计,截至2016年最高人民法院共发布79件与法院信息化有关的文件,参见中国社会科学院法学研究所、国家法治指数研究中心、法治指数创新工程项目组:《中国法院信息化第三方评估报告》,中国社会科学出版社2016年版,第112~117页。2016年以后最高人民法院发布的重要文件还包括:《最高人民法院关于加快建设智慧法院的意见》《最高人民法院关于人民法院通过互联网公开审判流程信息的规定》《最高人民法院关于全面深化人民法院改革的意见——人民法院第四个五年改革纲要(2014—2018)》《人民法院计算机信息网络系统建设管理规定》《最高人民法院关于印发〈人民法院计算机信息网络系统建设管理规定〉和〈人民法院计算机信息网络系统建设规划〉的通知》等。

② 参见芦露:《中国的法院信息化:数据、技术与管理》,载《法律和社会科学》2016年第2期,第31~34页。

③ 参见蔡长春:《中国法院已经建成信息化2.0版》,载《人民法院报》2016年4月13日。关于四川省各级人民法院信息化审判管理的实践及其影响,参见左卫民:《信息化与我国司法——基于四川省各级人民法院审判管理创新的解读》,载《清华法学》2011年第4期,第148~153页。

④ 参见周强:《加快建设“智慧法院”推进审判体系和审判能力现代化》,载《人民法院报》2016年7月16日。

极探索。[①] 地方法院的信息化建设实践虽然不乏亮点，但是创新之处较为单一，往往针对诉讼流程中的特定环节，缺乏整体规划和统筹。互联网法院能够有效克服地方法院分头零星探索信息化建设的不足，能较为全面集中地部署信息化的最新成果，在审判同互联网技术深度融合方面取得了前所未有的进展。目前，互联网法院常态化运行的诉讼平台能够满足全流程在线审理的需要，同时还部署了诉状自动填充与自动生成、电子卷宗随案生成、电子证据自动识别与一键导入、庭审语音识别、裁判文书自动生成等智能应用。

第三，互联网法院是智慧法院诉讼平台建设的"排头兵"。法院的智能化改造已被纳入我国新一轮信息化、人工智能发展战略。2016 年到 2017 年国务院密集发布了三个支持智慧法院建设的政策文件，其中《国家信息化发展战略纲要》把法院智能化改革作为加强民主法治建设的重要举措；《新一代人工智能发展规划》将建设智慧法院同推进社会治理智能化联系起来；而《"十三五"国家信息化规划》则把智慧法院建设作为构建善治高效国家治理体系的重要内容。2017 年最高人民法院出台的《关于加快建设智慧法院的意见》则从深化法院信息化 3.0 版建设任务的角度出发，较为全面地明确了智慧法院建设的目标和要求。智慧法院建设的推进将极大地改变法院的组织结构和管理能力，对法律职业共同体和社会公众的法律信仰、司法情感、行为模式和纠纷处理方式等产生重大影响。[②] 积

① 除杭州电子商务法庭、杭州互联网法院、北京互联网法院和广州互联网法院外，其他有影响的地方试点还包括 2015 年 6 月吉林省高级人民法院设立的吉林电子法院，2018 年 1 月宁波市中级人民法院设立的宁波移动微法院，以及 2018 年 6 月成都市郫都区人民法院设立的互联网法庭等。

② 参见徐骏：《智慧法院的法理审思》，载《法学》2017 年第 3 期，第 58 ~ 60 页。关于对司法人工智能的思考，参见季卫东：《人工智能时代的司法权之变》，载《东方法学》2018 年第 1 期，第 131 ~ 133 页。

极推进智慧法院的建设是设立杭州互联网法院的应有之意，这是因为，一方面，《关于加快建设智慧法院的意见》要求各级人民法院积极作为，坚持有序推进智慧法院的建设，作为基层法院的互联网法院当然也负有建设之责；另一方面，智慧法院的建设离不开20世纪90年代以来我国法院在信息化方面的持续改革。只有在审判活动同互联网高度融合，审判信息高度数据化的前提下，智慧法院诉讼平台的建设才有可能。因此，互联网法院开展智慧法院诉讼平台建设具有先天的优势，理应先行先试。

第五章　智慧法院诉讼平台建设面临的主要问题

法院网上诉讼平台建设在很大程度上体现为前沿信息技术主动同传统司法进行深度融合。现有技术是否能够充分地辅助乃至支撑高度专业化的诉讼活动则是一大考验。同其他领域的改革一样,智慧法院诉讼平台的建设在持续推进的同时也显露出若干问题。深入总结并剖析这些问题是进一步深化智慧法院改革的关键。本节拟基于实证调研与相关资料深入剖析网上诉讼平台建设所面临的实际障碍。

一、现有智能应用的实践效果欠佳

按照最高人民法院发布的关于法院信息化政策与智慧法院建设的意见,各省高级人民法院是落实网上诉讼平台建设的主力军。地方法院积极搭建诉讼平台,并部署司法智能系统的研发与运用,取得了各有特色的显著进展。总体而言,目前地方诉讼平台建设主要从三个方面进行推进。一是深化法院信息化建设,打通诉讼交往主体之间的数据壁垒,实现数据无障碍流动,为智能系统的运用提供信息化基础。二是开发和运用智能办案辅助平台,不断提升法院运行的智能化水平。[①] 三是开发和运用裁判智能预测与监督平台，强化法院工作保障与评估。[②] 尽管政策体现的改革目标全面而细致，最高人民法院及各省高级人民法院积极部署，但遗憾的是，实践中诉讼平台的运用大体上处于初步阶段，距离相关政策设定的目标还有很大的距离。可以说顶层改革设计的“热”与实践运用的“冷”形成了一定的反差。就这一问题详述如下。

（一）法院信息化基础尚不牢固

经过20多年的持续推进，覆盖全国三级法院的专网已基本建成，即完成了法院2.0的建设。但在从法院2.0到3.0的推进过程中，不同地区的推进程度存在很大的差异。浙江法院的信息化水平居全国前列。在完成法院专网、移动专网搭建的基础上，浙江省高级人民法院陆续建成法院办案办公平台、在线矛盾纠纷多元化解平台、电子送达平台、移动微法院、大数据服务平台等，实现了司法数据的有效流动与利用。以电子送达平台为例，该平台同相关数据库和外部相关主体对接，可以从多个渠道自动匹配被送达人的有效地址。这些渠道包括电信运营商提供的实名电话号码、工商行政主管部门登记的地址、民事与社会活动的活跃地址和联系方式、之前全省法院完成送达的地址等。以浙江法院大数据服务平台为例，该平台实时汇集全省各级法院的司法数据，并将其中重要的数据以可视化、类型化的方式显示在浙江省高级人民法院的数据终端中。一审

---

① 例如，互联网法院开发了电子送达平台等智能应用，参见北京互联网法院课题组、张雯、颜君：《“互联网+”背景下电子送达制度的重构——立足互联网法院电子送达的最新实践》，载《法律适用》2019年第23期，第22~24页。

② 例如，河北省高级人民法院开发了庭审自动巡查系统，参见中国社会科学院法学研究所、国家法治指数研究中心、法治指数创新工程项目组：《中国法院信息化第三方评估报告》，中国社会科学出版社2016年版，第215~219页。

法院审判的案件数量及其排名、各设区的市法院的收案数量及其排名、全省收案数和结案数等重要数据及历史同期对比等,都能以可视化的方式呈现出来。①

尽管浙江法院的信息化基础已居全国前列,但该省法院诉讼平台仍然处于快速发展的阶段,集中表现为仍然无法有效获取审判活动所需的大量数据,数据孤岛的现象未能从根本上解决;同时,浙江法院也在继续沿用历史上分头研发的系统,这些系统往往存在功能重复的问题,导致形成了"烟囱式"互不兼容的状态。② 浙江法院的信息化基础尚有待夯实,而全国其他地方法院的信息化建设仍处于初步阶段。这一情况从司法统计数据中就能窥见一二。法院信息化 2.0 的建成并未显著推动最高人民法院和各地方法院的统计公开。目前的司法统计数据仍然较为粗略,往往仅公布当年主要案件类型的受案量和结案量等基本信息,但关于法官人均工作负担、平均审结期限、当事人与代理人的情况等信息往往付之阙如。这说明尽管法院专网的管道已经铺设到了所有的3600 多个法院,但是司法数据在此"管道"中流动的速度和规模却仍然极为有限。司法数据跑不起来,跑得少,那么围绕法院专网搭建的旨在全面、深度利用司法数据的应用就成了无源之水。

作为司法数据载体的裁判文书的信息化程度也有待提升。2013 年启用的裁判文书公开平台——中国裁判文书网所上传的裁判文书总量约占同期审结案件总数的一半,这意味着出于多种原因,还有大量的裁判文书未实现数据化或者数据化后处于封闭的状态。③ 2014

① 上述信息由笔者赴浙江省高级人民法院调研时所了解,2019 年 9 月 4 日。

② 参见浙江省高级人民法院发布的《这件法院智能化建设方案》。

③ 参见马超等:《大数据分析:中国司法裁判文书上网公开报告》,载《中国法律评论》2016 年第 4 期,第 243 ~244 页。

年以前审结案件的裁判文书的公开情况就更不理想了。虽然部分地方法院开始搭建本地方的司法数据库，但这些数据库也存在功能单一、智能程度不高、样本量小、文书制作不规范等问题。[①] 这意味着司法人工智能所依据的裁判文书基本处于无序且不全面的状态，这就很难充分、准确地总结裁判的思路，无法分析出有效的结论。

（二）网上诉讼平台的“智能化”程度不高

目前，各地方法院宣称其积极组织开发和运用人工智能技术，并将其作为本级法院网上诉讼平台建设的亮点进行宣传。类案推送和庭审语音识别是地方法院较为集中的开发项目，但在实践中这两类智能技术的运用效果却并不如人意。就类案推送而言，其主要存在如下两个问题。

一是检索推送的案例精准度不高，距离法官的实际需要有较大距离。法官在判案过程中对于同案和类案的需求是较为强烈的。有高级人民法院的法官表示，在他主审的案件中，约有 30% 的案件的审理有参考同类或者类似案件的需要。[②] 但通过类案推送系统无法查到同案，展现在法官面前的实质上是同法官在审案件存在相同关键词的案件集合。法官仍然需要通过人工浏览的方式，阅读具体案情，找出有价值的案件来参考。匹配关键词或者标签的方式，往往使智能系统的搜索结果无法契合法官的预期。[③] 从技术角度来看，类案推送不精确的根本原因在于目前的类案推送系统还无法有效阅读案情和提炼争议点，较低的智能化水平无法满足法官复杂的

---

① 参见左卫民：《关于法律人工智能在中国运用前景的若干思考》，载《清华法学》2018 年第 2 期，第 115 页。

② 信息来自智慧司法学术研讨会，2019 年 5 月 21 日。

③ 参见陈琨：《类案推送嵌入“智慧法院”办案场景的原理和路径》，载《中国应用法学》2018 年第 4 期，第 94 页。

审判需要。

二是推送案例的分类与提炼粗略。目前,开发的类案推送系统所能提供的功能较为有限。当法官输入筛选条件后,往往呈现的是数百甚至上千个待选案例。这些案例往往并未按照来源、裁判要点、法院级别等进行分类。此外,类案推送系统也并未对案例的内容进行初步的提炼,比如针对同一纠纷的某个一审案件是否有二审和再审,在不同层级法院的审理中案件的结果是否发生变化等都不得而知。目前,推送案例的分类与提炼不足问题一方面是由于案例大数据本身的结构化程度低,另一方面则是因为类案推送系统本身的智能化程度不高,图像识别、语义理解技术无法准确抓取和分析案情。①

由于上述的两点原因,一线法官对于智能类案推送系统的使用意愿并不高。在调研中,不少法官反馈本单位配置的类案推送系统对办案的帮助不明显,无法有效满足法官办理复杂案件的需要。部分法官甚至认为自己法院开发的类案推送系统的功能甚至不如北大法宝、Westlaw 等商业检索系统的类案搜索功能。

同类案推送系统相似,庭审语音识别系统的运用也受限于其偏低的智能程度。从 2012 年起,安徽、浙江、上海、江苏等地法院同科大讯飞、阿里巴巴、百度等科技公司合作,开发庭审语音自动识别系统。该类技术的运用逐步推广到诸多地方的法院。但是即便是较早运用庭审语音自动识别系统的法院,该系统的智能程度也不理想,存在若干问题和障碍。上海市第二中级人民法院是较早运用智能语音识别的地方法院。但该系统的利用率仍然偏低,2017 年 5 月

① 参见左卫民:《如何通过人工智能实现类案类判》,载《中国法律评论》2018 年第 2 期,第 28 ~ 30 页。

至7月这3个月，上海市第二中级人民法院就该系统的使用率不到30%。使用率偏低与系统的功能不佳有直接的关系。①

庭审语音识别技术方面的问题主要体现在两个方面。一是系统仍然无法有效识别不同庭审场景的语音。庭审语言转换系统仍然无法按照法官、当事人和代理人的语言表达风格，如语速、咬字、吞音等，进行识别并对文本进行适度调整。说话人偏离正常说话方式越多，离语音采集系统越远，那么系统识别的效率和准确性就越低。此外，系统对缺乏逻辑关系或固定搭配的表达进行识别时错误率偏高，这些表达包括数字、姓名等。二是系统所配置的语音库过于单一。② 虽然我国政府大力推广普通话，但是全国范围内多数人口的日常交流语言是方言。不同的方言，尤其是南方方言在语音、词汇和语法结构上存在很大的差异。目前，庭审语音识别系统仅能识别普通话，无法有效识别其他方言，对于外语的识别效果也较差。此外，目前企业所开发的法庭的语音数据库是以其商业语音数据库为基础的，并没有开发出法律类的语音库，那么针对法庭中的法言法语的识别能力就偏低。

二、司法人工智能研发尚未取得突破性进展

法院网上诉讼平台的运行不仅需要海量司法数据的支撑，也需要人工智能应用的支撑。我国司法人工智能已经实现了科技部、法院、高校、企业多元支持探索的良好局面。但目前的研发尚处于初步启动的阶段，具有重大突破性的成果的研发与应用还需时日。

① 参见朱川等:《庭审语音识别转写系统优益与配套机制研究》，载《人民司法(应用)》2018年第19期，第50页。

② 参见陈佳岚、吴可仲:《科大讯飞虚实》，载《商讯》2018年第10期，第114～115页。

(一)司法人工智能研发的两大渠道

目前,司法人工智能的研发正由法院、高校和企业紧锣密鼓地进行。从研发力度和资金支持角度来看,我国司法人工智能产品的研发有两大主渠道。

第一个渠道是国家的重点研发计划。为了响应国务院人工智能发展战略,科技部于2018年先后设立了两批司法专项。第一批专项确定了“智能司法基础科学问题与人工智能技术研究”等6个方面的16个研究任务,安排经费4.5亿元。[①] 第二批专项确定了“智慧法院核心业务运行关键技术与装备研究”等两个方面的5个研究任务,安排经费1.5亿元。[②] 上述两项是科技部首次以司法为主题设立国家重点研发计划,执行期是2018年至2021年,目标是初步形成以智慧法院知识汇聚和政法部门运行支撑为内核的智慧司法运行支撑系统,为建成公正、透明司法和司法为民的司法体系提供信息化、智能化支撑。从中标的情况来看,高校是司法专项研究任务的主要承担单位。

司法人工智能研发的第二个渠道是法院系统的自主研发。目前,最高人民法院和有条件的高级人民法院和中级人民法院正按照各地审判的特点积极开展司法智能应用的研发。上文阐述的杭州三家基层法院的电子商务法庭、吉林电子法院、河北智审系统、上海法院206工程等都是由地方法院率先牵头开发应用的。近年来,各地法院系统研发司法人工智能应用的热情有增无减,其研发定位甚至超过了科技部司法专项所确定的目标。以浙江省为例,2018年浙

---

① 参见《科技部关于发布国家重点研发计划公共安全风险防控与技术装备重点专项(司法专题任务)2018年度第一批项目申报指南的通知》。

② 参见《科技部关于发布国家重点研发计划公共安全风险防控与技术装备重点专项(司法专题任务)2018年度第二批项目申报指南的通知》。

江省高级人民法院同阿里巴巴和浙江大学合作组建智慧审判专班，研发网络购物、民间借贷、交通行政处罚等三类案件的智能化审判系统。[①] 2019 年浙江省高级人民法院继续推行法院智能化建设，扩展了审判攻关的案由，使更多中级法院骨干法官加入审判攻关项目中。2019 年发布的《浙江法院智能化建设方案》提出初步完成大类案件的智能化审判功能，使快审、法条推荐、类案推送、文书制作的准确度达到国内领先水平，争取在 2 年内完成智能审判体系建设，尽可能实现简易热点案件由智能应用全流程线上自动审理、复杂案件由法官主导机器智能辅助审理的改革目标。

（二）司法人工智能研发尚未取得重大突破

当前，司法人工智能的研发已在司法服务、诉讼全流程、法院管理和公检法业务协同等领域全面展开。但从现有的研发计划和研发实践来看，研发工作尚处于起步阶段，距离技术的重大突破和广泛实践运用还有较大距离。当前，司法人工智能研发的有限前景体现在以下几个方面。

第一，相当部分的研发任务旨在提升已有应用的性能，存在重复建设的问题。科技部司法专项中作为研发重点的项目如“类案推荐技术”“庭审语音自动识别技术”等已在司法实践中得到运用。科技部的相关研究任务更多的是完善现有的技术，提升其准确性和效率，但相关研发文件却并未说明拟开发的技术同现有技术的关系。从实践来看，法院已有的相关智能运用同正在进行研发的技术并不兼容。专项研发单位往往需要从零开始研发，这就造成了重复建设的问题。当技术研发投入法院运用时，法院已有的系统往往需要被废止，造成前期投入的浪费。

① 上述信息源于 2018 年 5 月 21 日笔者赴浙江省高级人民法院调研了解到的情况。

第二,对于不少研究任务而言,即便是达到了研发的目标,所开发的技术由于准确性问题也无法直接投入司法实践中去。科技部的司法专项明确了研究任务的考核目标,其中不少目标标准偏低。如类案推荐的准确率不低于80%,案件一般查评、专项查评和跨院查评的采纳率不低于80%,电子卷宗自动回填的准确率不低于80%等。即便这些应用开发成功,80%的准确率意味着当运用智能系统处理案件的某个环节时,每五个案件中就有一个存在错误,需要法院进行人工筛查。如此高的错误率恐怕不仅不会提升审判的效率,反而会增加法院的负担。由此可见,目前这些准确率较低的应用很难被直接运用到司法实践中。目前,研发计划的设计者持颇为谨慎的态度,拟研发的更多的是阶段性的产品,有待将来迭代更新大幅提升准确率后投入司法实践中。

第三,目前研发的技术主要集中在提升法院运行的某个环节的智能化水平,研发的目标集中在“点”上,而不是“面”上。从审判流程来看,目前科技部司法专项所开发的技术主要是起关键支撑作用的智能技术,如类案推荐、案件分流、刑事案件预测、偏离预警等。这些技术的研发大体上相互独立,互不干扰。科技部司法专项第二批提出的热点案件和民生案件审判智能辅助技术也仅针对五类案件的某个环节,如民间借贷案件自动生成事实认定建议、自动生成交通事故案件赔偿方案等。由此可见,科技部的司法专项尽管广泛涉及法院运行的各个方面,但这些拟研发的技术旨在“加速”法院运行的某个环节,而不是实现全程的智能化。这与最高人民法院提出的为法官、诉讼参与人和社会公众提供全面智能服务的智慧法院建设目标还有明显的差距。

第四,全业务、全流程智能化应用研发趋缓。浙江法院是法院全流程智能化建设的先行者。2018年4月,浙江省高级人民法院设立的智能审判研发专班汇集了本省各中级法院的骨干法官和阿里巴巴的技术人员，集中开发三类案件的智能化审判，其中网络购物智能化审判已在实验室环境中实现了从立案到裁判文书生成的全流程智能审判。[①] 所生成的判决书格式规范、体例完整、文字流畅。需要指出的是，智能审判还是按照案由进行的，而每类案由则又可以被划分为不同的类型。要实现某个案由所有类型案件的全流程智能审判，其攻关难度和工作量是巨大的。2018 年 9 月后，专班完成阶段性工作，各成员回到原单位，审判研发工作进入常态化阶段。如果按照浙江省高级人民法院的计划继续拓展智能审判的案由的话，那么就需要继续组建专门小组，投入资金和算力进行攻关。[②]

三、数据基础与前沿技术障碍

从研发与应用的视角来看，法院网上诉讼平台建设需要四大基本要素的支撑，分别是知识(数据)、技术、人才和资金。这四大要素缺一不可。总体而言，目前这四项要素处于短缺的状态，无法充分供给网上诉讼平台建设，未来的改革还需要从强化这四项要素的方向持续推进。

(一)智慧法院诉讼平台高效运行的大数据基础尚显薄弱

充分的司法数据是智慧法院诉讼平台有效运行的基础。尽管法院的审判活动是面向当下和未来的，但历史上沉淀的司法数据却能够为法院的诉讼平台的建设提供重要的专业知识。这是因为法院受理的绝大多数案件都可以找到已审结的同类或者类似的案件，而即便是复杂、重大的新型案件，其相当部分的审判要素也可以从

① 参见浙江省高级人民法院发布的《浙江法院智能化建设方案》。

② 上述信息源于2018 年 5 月 21 日笔者赴浙江省高级人民法院调研了解到的情况。

先前的案例中找到相似之处。换言之,从较短的时间范围来看,司法审判活动大体而言是一项重复性程度很高的活动,而对于其中需要创新的部分,也并非毫无原则和规律可循,而是可以通过设定特殊的智能规则进行规范。智慧法院诉讼平台建设的数据基础应包括两项条件。

第一个条件是拥有充分的与法院运行相关的大数据。司法运行的过程及裁判结果的数据化程度越高,提供的司法数据就越全面,就越能够为智能系统的研发提供基本的数据资源。[①] 我国从20世纪80年代以来持续推进的法院信息化建设使得采用计算机办公和生成电子卷宗成为普遍现象,这就在客观上起到了扩展司法数据基础的作用。最近各地法院启动的法院管理流程再造、全业务网上办理、网上诉讼平台建设等改革则加速推进了数据基础的建设,为“全流程智能应用”打下了基础。

第二个条件是所拥有的司法大数据是结构化程度高的优质数据。汇集司法大数据仅是构建数据基础的第一步,接下来还需打造满足智能系统运用的结构化数据。智能系统无法识别千差万别的无序数据。因此按照智能系统的需要对数据进行结构化处理是利用数据的前提。优质的数据基础应满足标准化、完整性、精确性、有效性和唯一性等特征。在目前司法人工智能产品开发中,主要还是依靠人工的方式使非结构化、半结构化的数据结构化。以裁判文书标签体系为例,为了实现诉讼材料的可检索和可追溯性,需要经历人工标注、筛查校对、实践反馈、迭代更新、优化标签等多次循环的过程,从而实现数据结构化程度的不断提升。

尽管法院信息化的改革者已认识到司法数据积累对于法院网

① 参见徐骏:《智慧法院的法理审思》,载《法学》2017 年第 3 期,第 57 ~ 58 页。

上诉讼平台建设的重要意义,但持续多年的信息化建设并未构建出健全的数据基础,无法满足智能应用研发的需要,这体现在以下四个方面。

首先,裁判文书大数据不充分。2013 年启动的裁判文书公开是我国法院近年来成效显著的改革举措。尽管最高人民法院大力推动此项改革,目前在裁判文书网上公开的文书量也仅占全国同期审结案件量的一半左右。这意味着相当数量的裁判文书处于无法被获取的状态。换言之,目前可资利用的仅是近年审结的半数案件的裁判文书而已,2013 年以前审结的绝大多数案件的裁判文书及之后的半数裁判文书都处于无法被利用的状态。[①] 未上网公开的裁判文书可能隐藏着诸多尚待总结和提炼的一般性审判规律。无法获取这些裁判文书使智能应用的研发成为无源之水,而基于已上网公开的裁判文书来从事智能应用的研发,可能会导致研发的应用存在功能无法支撑实际审判需要的窘境。

其次,诉讼全流程数据缺失。裁判文书是司法决策的载体,蕴含司法决策过程中最为重要的信息。裁判文书的数据化固然是智慧法院建设的重要基础,但仅仅依赖数据化的裁判文书并不能完成此项改革。这是因为司法决策过程的智能化还有赖于诉讼全流程的数据化。但目前我国法院诉讼全流程的文字化、数据化程度还很不理想。从法院同其他主体的关系来看,法院同其他诉讼主体的交往活动的数据化程度偏低。法院同其他有关国家机构、市场主体的数据流动尚不通畅,服务于诉讼当事人的导引、咨询活动缺乏数据积累,此外司法公开和宣传也颇为有限。从审判过程来看,审判决

① 参见马靖云:《智慧司法的难题及其破解》,载《华东政法大学学报》2019 年第 4 期,第 112 ~ 113 页。

策过程的数据化程度也不高。尤其需要指出的是与审判结果密切相关的合议庭、审判委员会讨论以及外部主体传递的倾向性意见(批示)等基本处于不公开的状态。法官审理案件时的生理、心理状态以及自由心证的过程也基本无迹可寻。从诉讼全流程来看,流程管控、内部和外部平台融合、业务协同与多方利用等相关数据支撑尚未建成。

再次,司法数据的结构化程度低且改造的速度缓慢。虽然我国司法大数据的规模呈逐年快速增长的趋势,但体量大并不意味着该数据基础就牢固。目前相当部分的司法大数据大体处于无序状态,部分数据还存在内容缺失、相互矛盾、不真实等瑕疵。裁判文书网等司法大数据库结构化程度偏低,这体现为标签类型单一、数量少、层次复杂度不够等问题。[①] 司法大数据的低结构化直接影响了智能应用的研发与运用。未来提高司法大数据的结构化程度就成为一项十分重要的工作,但数据的结构化改造进度缓慢。要素化、规则化、图谱化是研发司法人工智能应用的一般原理。[②] 打标签和绘制知识图谱(构建模型等)相结合的方法是司法人工智能研发的基础工作,但无论是打标签还是绘制知识图谱都需要花费大量的人工,费时费力。2018 年浙江省高级人民法院组建了三个智能审判研发专班,集 20 多位骨干法官和技术人员之力,也仅绘制了三类案由的法律知识图谱,相对于数量众多的案由与相关法律规范,知识图谱的绘制必然是一项长期而又艰巨的工作。

① 参见左卫民:《关于法律人工智能在中国运用前景的若干思考》,载《清华法学》2018 年第 2 期,第 114 ~ 116 页。

② 关于法律知识图谱构建的一般原理与初步应用,参见高翔:《人工智能民事司法应用的法律知识图谱构建——以要件事实型民事裁判论为基础》,载《法制与社会发展》2018 年第 6 期,第 70 ~ 75 页。

最后，司法大数据安全防护机制有待完善。随着智慧法院建设的推进，司法数据的共享、开放和利用进入新的发展阶段，也前所未有地增加了数据安全风险，因此如何相应地提升司法数据安全保障成为一个亟待解决的重大现实问题。目前司法数据的安全保障，尤其是司法数据的全生命周期安全防护尚存在诸多的隐患。尽管《数据安全法》等国家法律将数据分级分类作为重要的防护手段，但司法数据的分级分类尚未能形成统一的标准，就哪些司法数据应当被列入重要数据目录还没有形成一致的认识。这可能导致数据监管洼地或增大地方和部门在数据保护领域的差异，进而影响全国范围内数据安全保护范围和保护力度的均衡性和统一性。另外，与司法数据安全防护相关的监管规定的可操作性有待加强。法院内部组织保障与运维保障实践与最新的立法要求相比存在一定的距离，相关风险点仍然普遍存在。

（二）前沿技术还无法支撑智慧法院诉讼平台功能的发挥

法律是一门精深的学问，法官、律师等法律从业人员需接受长期的法学教育和实务训练，才能熟谙司法的全过程。这是因为司法过程所涉及的词汇选择、文意表达、逻辑推导等活动需高度凝练和精准化。目前即便是前沿人工智能技术要全面、有效地替代法官、律师的部分角色也还为时过早。例如，自然语言处理是支撑法律人工智能研发的基础性技术。将自然语言转化为机器语言，是机器自动处理语音、文本并导出有价值结论的前提。但此项技术无法准确解构复杂法律文本和裁判文书的语义，也无法有效挖掘大量半结构化和非结构化司法数据中具有法律效果的行为和行为人的关联关系。此外，以自然语言处理为基础的语义挖掘对于实践中复杂多样的手写字体、捺印、模糊和残缺文字的识别率不高。由于自然语言处理技术还不够成熟，人类语言无法高效、准确地转化为机器语言，因此后续的案件提取模型、自动裁判逻辑推理模型等重要算法就无法得到有效的驱动,自然也就无法导出科学、精准的结果。①

受限于图像识别、自然语言处理技术的局限,法院所开发和应用的类案类判系统的准确率不高,在实践中反响一般。② 现有研究表明,即便以14万交通肇事罪案件为样本,制作复杂的量刑模型,其量刑的确定性也仅能达到73.4%。③

智能测评技术不仅是司法人工智能应用的重要研发内容也是推动智能产品迭代更新的关键技术。该类技术的重要作用在于衡量、评估司法人工智能应用各个环节的性能,筛查技术瑕疵和缺陷,进而为智能应用的改进提供量化的指标。目前现实的问题在于,司法全过程所需的测评点众多,既包括司法流程时效性和完整性等程序性环节,也包括诉讼文书生成质量、案件结果预警等实体性环节。但是目前的测评体系的功能单一,所覆盖的司法过程极为有限,无法满足需要。根据司法过程的需要,未来需要开发的应是多层级、多维度的测评技术和满足司法控制需要的全面、综合性的评价体系。

搭载于诉讼平台上的智能应用依靠复杂而成熟的算法才能进行有效驱动。但目前作为一种辅助法官决策的工具的算法尚没有达到理想的效果,目前能够满足诉讼平台智能运行的算法还没有出现。现阶段算法的复杂性和成熟度无法替代法官的分析与决策,因

① 参见王禄生:《司法大数据与人工智能开发的技术障碍》,载《中国法律评论》2018年第2期,第50~52页。

② 参见陈琨:《类案推送嵌入"智慧法院"办案场景的原理和路径》,载《中国应用法学》2018年第4期,第94页。

③ 参见白建军:《基于法官集体经验的量刑预测研究》,载《法学研究》2016年第6期,第145~152页。

而阻碍了诉讼平台智能功能的发挥。① 同时，算法的深度运用也需要克服社会认同与司法伦理上的障碍。高度成熟且复杂的算法的深度运用将在很大程度上起到替代自然人法官的效果。人类社会显然尚未认真思考并接受这样一种由“人类裁判”转向“非人裁判”的重大变革。另外，算法黑箱与算法偏见已经引起了学术界的关注。作为诉讼平台智能运行驱动力的算法可能陷入不透明与歧视的怪圈，从而与司法公正形成紧张关系。

综合而言，目前人工智能还处于初步发展的阶段。算法驱动的机器学习通过解析、排列、学习数据，进而对现实场景中的事实作出反馈、决策和预判。这样的机器学习已经在许多商业场景中得到了应用。但是司法是高度专业化、智能化的活动，依靠传统的监督学习技术来开发司法人工智能已经显得越来越吃力。② 监督学习需要大量的人工参与，耗时耗力，所导出的结果的准确性也偏低。未来司法人工智能的发展的方向应是传统机器学习同机器深度学习相结合，使得人工智能从执行静态的认知型任务阶段跨越到执行动态的复杂决策型任务阶段。基本的思路是：基于充足的司法大数据和强大的运算能力，设计出与司法目标相匹配的大型机器深度学习模型，使其具备训练无标注的司法大数据的能力，最终能够自动执行司法各项任务。就技术角度而言，司法人工智能应用的广度和深度有赖于未来机器深度学习方向上的技术突破。未来迁移学习、无监督学习、博弈学习等技术的探索与应用可能会给司法人工智能带来发展契机。

---

① 参见左卫民：《AI 法官的时代会到来吗——基于中外司法人工智能的对比与展望》，载《政法论坛》2021 年第 5 期，第 7 ~ 11 页。

② 参见左卫民：《关于法律人工智能在中国运用前景的若干思考》，载《清华法学》2018 年第 2 期，第 117 ~ 118 页。

四、人才与资金匮乏

随着智慧法院网上诉讼平台建设与司法人工智能研发的不断推进,数据与技术背后深层次的困境逐步显现。从根本上看,目前网上诉讼平台建设深层次的障碍在于人才与资金的匮乏。法学和计算机科学之间天然壁垒的存在以及法律市场的规模限制使得网上诉讼平台建设无法驶入快车道。

(一)满足智慧法院诉讼平台建设的人才匮乏

人才供给不足是阻碍法院网上诉讼平台建设的主要原因之一。人才的匮乏供给集中体现在平台建设与司法人工智能的研发和运用等方面。从研发来看,人工智能已有半个多世纪的发展历程,经历了三次跨越式发展。2012 年起,以机器深度学习为代表的技术革新引发了第三次人工智能发展浪潮,新技术和新算法层出不穷,势头至今未衰。① 由于人工智能技术在真实场景中运用所取得的巨大成功,因此众多行业均将其作为改革的抓手,从而产生了研发人才的巨大需求缺口。领英公司于 2017 年发布的《全球 AI 领域人才报告》显示,我国人工智能领域人才缺口接近百万。② 可以说包括法律在内的诸多传统行业的智能化改造都面临缺乏人才的问题。

司法人工智能的研发面临的人才匮乏问题更为严重。原本就十分有限的高素质研发人才往往聚集于华为、腾讯、阿里巴巴、百度等大型科技公司,主要从事金融、互联网、汽车、通讯等市场潜力大、收益高的行业。法律行业对人工智能人才的吸引力明显不足,毕竟

---

① 参见李开复、王咏刚:《人工智能》,文化发展出版社 2017 年版,第 40 ~ 49 页。

② 参见《人工智能领域人才紧缺 人才培养模式尚存差距》,载人民网,http://it. people. com. cn/n1/2018/1203/c1009-30437292. html。

全国仅有不到3000多家法院和60万律师。近年来,科大讯飞、阿里巴巴等人工智能研发能力强劲的科技企业开始同法院合作开发网上诉讼平台及搭建在平台之上的司法人工智能,但此类开发一般仅是将企业的通用型技术转用到法院的诉讼环节中。平台建设与司法人工智能的研发并不是这些大型科技企业人力投入的主要方向,而是短期的、临时性的合作项目。

网上诉讼平台运维与司法人工智能运用也面临人才的匮乏。传统法学同计算机科学几乎没有交集,传统法学学者极少运用建模、大数据分析等计算机技术来从事法学研究,而计算机科学的学者也不大可能以规范分析作为本领域研究的方法。两个领域在实务中的交流也几乎为零,法律从业者往往不具备计算机方面的专业知识,而程序员也很少精通法律。法律领域信息化的快速发展以及智慧法院建设的推进,在客观上产生了打破行业壁垒的需要,法律行业同计算机行业的融合已开始显现。例如,2017年,杭州互联网法院开始面向全国选调工作人员,除了要求被选调者应具有法学硕士以上学历外,还要求其本科学历应是法学或计算机科学。[①] 部分高校法学院已经开始有意识地调整法学教育的方向,着重培养既懂法学又懂计算机相关科学的复合型人才。如从2018年起,清华大学法学院和浙江大学光华法学院分别设立了计算机法学方向和互联网法学方向的法律硕士,优先考虑招收本科专业为计算机、通信、控制、网络空间安全、电子科学、电气工程等的理工科本科毕业生。2021年,浙江大学光华法学院设立数字法治的本科实验班,开始尝试从本科阶段培养数字法治人才。东南大学、中国政法大学等高校

---

① 参见《杭州互联网法院面向全国法院公开选调工作人员公告》,载微信公众号"杭州互联网法院"2017年11月15日,https://mp.weixin.qq.com/s/m_x54URAereItMU8amU_mA。

也在开展类似的跨学科人才培养改革。尽管法学和计算机科学在实务界和学界的融合已启动,但是要缓解智慧法院建设人才缺口的问题还尚需时日。

(二)智慧法院诉讼平台建设缺乏充足的资金支持

司法人工智能依托网上诉讼平台发挥其效能。司法人工智能是高投入的长期项目,投入高首先体现在人工费用高,仅数据标注这一项工作就需要投入大量的人力。为了使电子化的裁判文书数据成为机器深度学习的对象,就必须要对裁判文书进行标注。保守估计每份裁判文书需进行30次标注,每份的标注费用为10元,那么完成裁判文书网上公开的1亿份文书的标注就需要10亿元的费用。

裁判文书仅是司法人工智能研发所需的部分数据,需要人工投入之处远远不止裁判文书的标注。以浙江省为例,近年来仅浙江省汇聚的司法数据颇为可观,包括庭审录音录像319万份,电子卷宗2500万册(14亿页),总数据项达905亿项。如果将这些数据按照算法的需要进行标注,成本无疑是高昂的。司法人工智能的研发成本也极高。2018年4月,浙江省高级人民法院同浙江大学、阿里巴巴达摩院合作组建智能审判专班,探索开发三类简单热点案由的全流程智能审判。阿里巴巴达摩院派出8位算法工程师加入专班,仅这8位工程师一年的人力成本就超过1600万元。①

2016年以来浙江省高级人民法院的预算保持在3.5亿元左右,但是信息化建设并非其年度预算的常规项目,而是根据当年信息化建设规划的需要来安排特别资金。2016年浙江省高级人民法院新增预算4000万元,用来建设全省法院办案办公系统“审

① 上述信息源于2018年5月21日笔者赴浙江省高级人民法院观摩智能审判实验所了解到的情况。

务云”。[①] 2017 年浙江省高级人民法院的总预算减少了 2310.83 万元，减少的原因在于当年未安排信息化建设项目。2018 年浙江省高级人民法院的预算中又新增 3390.8 万元，用来实施政法数字化协同办公工程项目和信息化建设项目。[②] 值得注意的是，浙江省高级人民法院的信息化建设经费仅是用来购买和安装信息化设施的，而不是用来支持研发工作的。按照相关文件的要求，研发经费主要以申请重点课题和企业投资相结合的方式来筹集。问题在于无论是课题还是企业自身都不是稳定且充足的资金来源渠道。以科技部的司法专项为例，该类专项共有 21 个任务，安排资金 6 亿元，平均每个任务的经费为 2900 万元。这些经费尽管对于法学这样的文科专业而言已是天文数字，但是对于司法人工智能的研发而言，是远远不够的。即使浙江省高级人民法院申请到科技部的一个智慧法院项目，也只能支撑智能审判专班一年的运行。

五、小结

尽管持续 30 年的法院信息化、智能化建设取得显著进展，起骨干作用的关键信息基础设施已建成，但是诸如法院专网的利用，以及基于专网之上的诉讼平台建设与司法人工智能的落地应用还处于初步阶段。数据流动仍然不够畅通，数据孤岛的现象并未从根本上得到解决，而智能应用研发的系统性和全面性也有待加强。当前已开发应用的司法人工智能系统的“智能化”程度不高，类案推送精准度低、分类粗略，辅助法官办案的效果有限。由于庭审场景对话

① 参见《浙江省高级人民法院 2016 年部门预算》，载浙江法院网，http://www.zjsfgkw.cn/art/2016/3/7/art_423_11512.html。

② 参见《浙江省高级人民法院 2018 年部门预算》，载浙江法院网，http://www.zjsfgkw.cn/art/2018/3/6/art_423_11507.html。

的复杂性和司法语音库的缺乏,庭审语音识别的效果距离理想的状态还有较大距离。当前地方法院网上诉讼平台已普遍建立,司法人工智能的研发已全面展开,形成了以科技部司法专项与法院系统的"智慧法院"建设计划为核心的两大研发渠道。从现有的研发计划和研发实践来看,研发工作尚处于起步阶段,距离技术的重大突破和广泛实践运用还有较大距离。

目前智慧法院网上诉讼平台建设所需的知识(数据)、技术、人才和资金等核心要素处于不同程度的短缺状态,这是此项改革面临的主要障碍之一。持续多年的信息化建设尚未构建出健全的数据基础,司法大数据的充分性、准确性与结构化程度均无法满足智能应用研发的需要。尽管以机器学习为内核的第三波人工智能已在许多社会生活的场景中得以应用,但是当此项技术被应用于司法场景时还是显得捉襟见肘。从根本而言,目前的人工智能技术很难替代自然人参与到复杂、精准度高的司法过程中去。未来迁移学习、无监督学习、博弈学习等技术的探索与应用可能会给司法人工智能带来发展契机。司法人工智能的研发与应用面临很大的人才缺口。尽管诸如清华大学、浙江大学等高校已经开始重视既懂法学、又懂计算机相关科学的复合型人才的培养,但是要缓解智慧法院建设人才缺口的问题还尚需时日。网上诉讼平台建设与司法人工智能的研发需要大量资本和高素质人力的投入,而目前资金的缺乏也是改革面临的障碍之一。

第六章　法院信息化、平台化和智能化背景下的诉讼规则变革

除了纯粹的实验室环境下的科学研究外，多数的科技创新总会遭遇同社会制度兼容的问题。重大的科技创新不仅是技术应用的问题，其发展必然受到当前法律、政策与社会制度的限制。法院信息化、智能化的改革面临对司法基本价值体系与规则的重新审视与排序问题。[①] 由于诉讼司法制度的高度法制化属性，前沿信息技术与诉讼、司法制度的融合更为显著地体现出科技与法律的互动关系。本章首先探讨科技与法的一般理论，然后剖析智慧法院建设同传统诉讼原则的紧张关系，分析智慧法院建设同现行诉讼规则与配套制度的紧张关系，最后阐释启动诉讼规则改革的现实困境。

一、科技与法律的一般理论

20 万年前最后一批走出非洲的智人不仅熟练掌握了使用火种的技巧而且还不断开发新工具，这使人类逐渐以氏族的形式聚

---

① 参见季卫东：《人工智能时代的法律议论》，载《法学研究》2019 年第 6 期，第 37 ~ 41 页。

居起来,朴素的氏族习惯法得以诞生。[①] 如果我们把这一开创性的普遍事件视作人类第一次尝到技术进步的甜头并催生了复杂的社会制度,那么我们可以确信地认为,科技和制度(法律)的碰撞是贯穿于人类社会始终的基本命题。这一命题绵延久远,在不同的时代有不同的表现形式。在信息时代,科技发展十分迅猛,对人类社会的改造作用越来越大,在此大背景下,深度剖析科技与法律的关系具有极为重要的理论和实践意义。本部分拟从两个方面探讨科技与法律的基础理论,一是法律之于科技,即法律体系的基本精神和原则在多大程度上能够接纳科技创新;二是科技之于法律,即从哪些维度出发能够较为清晰地探索科技发展对法律的改造作用。

(一)法律之于科技:法律体系的精神同科技创新的关系

本部分的研究目的是厘清法律与科技创新之间的关系,明确其中的基本规律。探讨的主要问题可以表达为:特定的法律体系的基本精神是否蕴含容忍乃至鼓励科学创造和技术发明的基因?20世纪初以来以凯尔森、哈特为代表的法律实证主义学派逐渐成为解读法学基本命题"法律是什么"的主流学派。尽管实证主义法学派强调法律的"价值中立"(value free),但是这一重要理论是为法律体系内部的和谐统一提供理论支持的,主要在法律的体系性解释方面发挥效用。[②] 实际上,法律总是需要直面现实问题,阐述价值判断和提出解决方案。从这个角度来看,实证主义的价值中立理论好比是计算机的硬件,其提供了一套法律实践运行的基础设施,法律的精神

① See Yuval Noah Harari, Sapiens, *A Brief History of Humankind*, Vintage Books, 2011, p. 1-5.

② See Hans Kelsen, *Pure Theory of Law*, trans. by Max Knight, University of California Press, 1967, p. 1-2.

和价值取向就好比是计算机的软件和算法，为法律体系注入了灵魂。法律精神同科技的关系可以从不同的维度进行审视。

法律精神与科技的关系包含三种基本类型，分别是排斥科技型法制、科技中立型法制和鼓励科技发展型法制。[①] 简述如下：(1)排斥科技型法制可见于若干古代政体。古代社会的法律核心目标是维护专制统治，这类法律常常同宗教、道德有着千丝万缕的联系。该法律体系对于科技进步并不关心，甚至在基本精神和原则方面对科技的应用存在直接或者间接的排斥，最为典型的例子莫过于中世纪的西欧国家严厉惩罚和禁止违背天主教义的科技发明，尤其是关于天文学的发明创造。(2)科技中立型法制的典型是起源于十八九世纪的若干资产阶级国家。法国大革命以来的资产阶级革命所建立的法制旨在保障个人人身和财产自由。以美国宪法为代表的法制标榜民主与自由，其更多地属于“夜警国家”的法制，其对于国家鼓励科技发展推动社会进步等问题只字未提。(3)鼓励科技发展型法制见于20世纪中叶以后的众多发展中国家。这类法律体系明确鼓励科技进步和创新。一个显著的例子是我国《宪法》第14条明确规定国家应“推广先进的科学技术”，“不断提高劳动生产率和经济效益，发展社会生产力”。

法律体系的精神也集中体现在国家基本制度的安排上，后者对科技创新的影响极为重大。最为显著的例子是国家纵向和横向权力结构的安排。各国宪法对本国权力结构的不同安排对于科技的进步也会产生显著的影响。美国制度经济学家巴瑞·R. 威格斯特指出，18世纪中期的英国虽然处于封建专制的状态，但是这一王权

① 关于法律与科技关系模式的探讨，参见郑玉双：《破解技术中立难题——法律与科技之关系的法理学再思》，载《华东政法大学学报》2018年第1期，第90～96页。

统治近似于准联邦制，英格兰南部的边缘城市远离政治中心，王权的势力相对较弱，当时的资产阶级便利用这一契机在当地大力启用新技术，发展资本主义经济，从而引发了以蒸汽机的应用为核心的工业革命。[①] 工业革命的浪潮反过来促成了英国法律制度的变革。威格斯特指出，赋予地方较大的立法自主权在客观上有利于科技创新的出现和应用，这是因为出于增加税收吸引投资的目的，地方政府之间将开展制度竞争，这将朝着有利于科技创新的方向前进。[②]

综上，本部分的研究旨在为审视司法制度同科技的关系确定一个基本的分析框架。司法活动，尤其是诉讼活动的法制化程度很高。法定的诉讼规则往往基于现有的基础物理环境而发挥作用，当法院信息化改革不断改造基础物理环境时，必然会同现有的诉讼规则产生越来越明显的紧张关系。智慧法院建设的推进更是以前所未有的广度和深度对现行诉讼的基本原则和具体规则造成冲击。对我国法律制度需要进行精细化的类型化分析和刻画，并从中总结其对科技发展的基本态度和精神。

(二)科技之于法律：科技对法律的改造

科技对法律的改造一直存在于人类社会的历史中。如果说在人类社会的早期，科技的改造还属于潜移默化的话，那么近代以来，科技的改造效果就变得越来越显著了。本部分的关键问题在于：如何科学地从学理层面总结科技改造法律的基本理论命题。这里以美国学者劳伦斯·拉希茨的三要素理论作为学理探讨的出发点。根据拉希茨的理论，科技对于法律既有直接的改造作用，也有间接

---

① See Barry R. Weingast, *The Economic Role of Political Institutions: Market-Preserving Federalism and Economic Development*, Journal of Law, Economics, & Organization, 1995, p. 4 – 5.

② See Barry R. Weingast, *The Economic Role of Political Institutions: Market-Preserving Federalism and Economic Development*, Journal of Law, Economics, & Organization, 1995, p. 7 – 9.

的影响。从间接影响来看,科技主要通过三个方面来实现改造法律的目的。

一是科技改变道德并提高对真实世界的认知,进而改造相关法律。一个显著的例子是随着近代科技进步和生产力的发展,孝道的标准由古代的物质赡养逐渐变为精神抚慰,这一变化改变了立法和司法对"孝道"标准的认定。[①] 科技的发展使人们能够更为准确、科学地判断事物的因果关系,进而促进了法律制度的变迁。[②]

二是科技改变市场,进而改造相关法律。近代以来,市场经济是世界范围内普遍接受并倡导的经济形态。市场这只"看不见的手"成为引导、规范人们行为的最为重要的因素之一。科技是市场的加速器也是润滑剂,科技的不断进步,使得市场交易成本不断降低,使市场主体越发活跃,从而扩大了市场支配人们行为的效果,进而促使法律体系的变革。

三是科技改变基础环境(Architecture),进而改造相关法律。人类生活的物质大环境对于人类社会制度的构建有着巨大的影响。孟德斯鸠断言:法律是对自然因素的观察。[③] 笔者认为,此话只说对了一半。古代社会囿于科技不发达,科技对于基础环境的改造十分有限,所以得出了法律是自然因素的反映这一单向结论;而现代科技的飞速发展已经在某种程度上实现了对基础环境的大幅改造,互联网的大规模应用更是使人类在网络空间中拥有了随意构造基础环境的能力,因此科技通过改变基础环境从而改造法律的能动性越

① See Edward R. Canda, *Filial Piety and Care for Elders: A Contested Confucian Virtue Reexamined*, Journal of Ethnic and Cultural Diversity in Social Work, 2013, p. 213 – 214.

② 参见苏力:《法律与科技问题的法理学重构》,载《中国社会科学》1999 年第 5 期,第 60 ~ 62 页。

③ 参见[法]孟德斯鸠:《论法的精神》(上),许明龙译,商务印书馆 2017 年版,第 241 页。

来越大。[1]

(三)信息通讯技术对法律体系的改造

信息通讯技术的发明和广泛应用从根本上改造了现代人类社会,也深刻地影响了法律体系的变迁。信息通讯技术的发展大致可以分为三个阶段。第一阶段(19世纪和20世纪交替之际):电话和电报时代。19世纪末电报和电话在西欧国家的出现和应用代表了信息通讯技术革命的出现。电话、电报等信息通讯技术的应用极大地拓展了人类的活动范围,第一次真正地把全球各大洲联系起来。20世纪上半叶,全球化的不断推进需要高效、便捷的通讯手段作为支撑,两次世界大战对于通讯技术和大规模计算的需求极为旺盛,这些都促使了电报、电话的大规模应用和早期计算机的发展。第二阶段("二战"后至2010年):电子计算机和互联网时代。20世纪下半叶以电子计算机和互联网为核心的信息革命浪潮席卷全世界,成为最新的经济增长点。第三阶段(2010年至今):大数据和人工智能时代。信息通讯技术经过数10年的快速发展在2010年前后迎来质变,以大数据、"互联网+"以及人工智能为代表的新一代通讯技术越来越明显地成为拉动社会经济发展,解决人类社会一系列基本问题的良药。信息通讯技术发展的各个阶段都对国家法制产生了重大的影响,且随着技术进步的加快,影响的范围和深度越来越大。

信息通讯技术的广泛应用对法律体系的冲击体现在两个方面。

第一,催生法学新思潮、理念和新型权利。19世纪末期开始,越来越多的美国法律界人士发现,随着城市化进程的加快,报刊等现代传媒产业开始勃兴,而许多披露知名公民照片、隐私等个人信息的报道给当事人带来了很大的精神痛苦,而按照传统的侵权法却不

① See Lawrence Lessig, *Code 2.0*, Basic Books, 2006, Chapter 4, p. 38 – 40.

能对此类精神损害给予救济。在此大背景下,以山姆勒·沃仁(Samuel Warren)和路易斯·布兰戴斯(Louis Brandeis)等为代表的美国法学家开始呼吁将隐私权作为公民的基本权利。[①] 信息通讯技术的广泛应用不断地扩大法律规制的范围和对象。通讯技术融入社会生活的方方面面,成为社会生活的加速剂,相应地,各种类型的立法将不得不考虑如何重新规制加速后的社会生活,这是新兴通讯技术影响传统法律体系的一个侧面。

第二,对传统司法模式与法律适用带来新挑战。通讯技术的应用伊始就对传统法律体系造成了冲击,司法机关对于此类冲击最为敏感。早期的典型案例包括:(1)Olmstead v. United States (1928)。本案中保守的美国联邦最高法院多数法官认为侦查部门径直采用电话监听的方式不违反美国宪法第四、第五修正案所规定的禁止非法搜查条款和正当程序条款。尽管如此,少数派的布兰戴斯法官鲜明地指出,电话监听所造成的对个人自由的侵犯并不亚于非法侵入住宅进行搜查,个人自由应该受到美国宪法的保护。布兰戴斯法官的少数派意见并非转瞬即逝,而是在40年后的1967年成为美国司法机关的主流意见。(2)Roth v. United States (1957)。该案阐述的困境在于:检察机关基于田纳西州的法律和陪审团意见认定被告人通过电话方式售卖色情图片的行为构成淫秽物品罪;而被告人却辩称其营销行为并不在田纳西州,而是在风气开放的加利福尼亚州,因此不应该按照保守的田纳西州的法律和标准来定罪。该案表明:传统的承认地域差异,并以地方性标准作为认定标准的法律在电话营销等没有“地方”概念的活动中无法适用。

---

① See Samuel D. Warren & Louis D. Brandeis, *The Right to Privacy*, Harvard Law Review, 1890, p. 193 - 220; William L. Prosser, *Privacy*, California Law Review, 1960, p. 383 - 423.

上述探讨表明，当代前沿信息技术，尤其是人工智能对法律体系的改造力度越来越大。法律的内涵和功能发生深刻变化，法律的具体表现类型与方式也相应地发生重大的变革。新的经济业态催生了新型法律关系。现行法律规范很难有效规制与数据、代码、算法相关的法益以及虚拟财产等新型财产类型。现有的法律制度与频繁变化的社会现实存在紧张关系。[①]

二、探索适应平台化、智能化趋势的诉讼规则

诉讼规则必须依赖于某种诉讼模式而存在并能够对诉讼模式产生能动的影响。在新型涉网纠纷快速增长的背景下，传统的围绕线下诉讼模式构建起来的诉讼规则逐渐地同司法实践产生紧张关系。本节首先总结涉网纠纷快速增长的现状，然后提炼构建与之匹配的诉讼规则的法理基础与官方态度。

（一）涉网纠纷快速增长的现实背景

社会生活与国民经济的平台化、智能化变革给法院诉讼规则创新提供了源源不断的动力。随着大数据与智能社会的初步显现，互联网空间逐渐成为人类频繁活动的新场域。2016 年 12 月国家互联网信息办公室发布的《国家网络空间安全战略》指出，网络空间已成为同陆地、海洋、空域等传统空间同等重要的人类活动新空间，网络空间主权及数据主权已成为国家主权的组成部分。平台经济的活跃以及一体化数字政府改革的不断推进使相关纠纷快速增长。司法作为国家安全保障体系和治理体系的重要一环，也需要与时俱进，以应对快速增长的新型涉网与涉平台纠纷。

---

① 参见马长山：《智能互联网时代的法律变革》，载《法学研究》2018 年第 4 期，第 21 ~ 24 页。

2010 年以后，在我国互联网经济比较发达的地区，新型涉网纠纷开始快速增长。这一现象在杭州尤为显著。杭州是全国范围内较早培育网上电子商务的城市，拥有阿里巴巴等众多知名互联网平台企业。浙江省尤其是杭州涉及电子商务和网上借贷的纠纷呈快速增长的势头。2012 年至 2015 年，仅余杭区人民法院受理的以淘宝、天猫商城等平台的商户为被告的网购纠纷就达 3053 件，其中 2015 年受理了网购纠纷 2205 件，同比增长 331.5%。2016 年前 5 个月，余杭区人民法院已受理该类案件 1120 件，同比增长一倍有余。[①] 涉网纠纷这一新型纠纷类型的涌现给当地法院带来了两个方面的影响。一是加剧了案多人少矛盾。在法院内部管理、法官规模和诉讼规则大体不变的情况下，涉网纠纷的快速增加必然给法院的运行带来很大压力，影响了法院审判效率的提升。二是法院开始逐步熟悉涉网平台纠纷案件审理的特点，为提炼相关诉讼规则提供了基本的前提。传统的司法模式效率有限，无法化解商业平台产生的海量纠纷。商业平台产生的纠纷必须通过多元的方式化解，而改造传统司法模式，引入网上诉讼平台以及相应的诉讼规则是其中的一种主要方式。

（二）构建专门诉讼规则的理论基础与官方态度

网络空间的扩张与涉网纠纷的大量出现，使立法者不得不认真思考构建网络空间专门法律规则的问题，尤其需要考虑的是此类新型纠纷是否应适用新规则。据笔者观察，在我国法学界，尽管就这一问题的讨论尚未上升到书面论战的程度，但不同的看法一直都存

① 参见罗鑫等：《关于电子商务网上法庭运行情况的调研报告——以余杭法院的实践为样本》，载余杭区人民法院官网 2016 年 6 月 30 日，http://yuhang.zjcourt.cn/col/col1352021/index.html。

在。实际上早在20世纪90年代末,美国法学界相当部分学者就对网络空间单独立法问题持怀疑的态度,并同网络法领域的学者进行了激烈的论战。分析双方代表人物的论战有助于我们理解构建专门涉网纠纷规则的必要性。

1996年,在一场主题为互联网与法互动的学术会议上,当时任职于美国联邦第七上诉法院的弗兰克·伊斯特布鲁克法官鲜明地表示网络法(cyber law)这一概念就如同当年的马法(law of the horse)一样是一个伪命题。[①] 他认为法律规范适用的客体应具有普遍性,即应适用于不特定的对象上。对此,伊斯特布鲁克法官用马的法律规制来举例。在前工业时代,马对于人们的生产生活具有重要价值,关于马造成的损害、马的贩卖、赛马、马肉的销售和食用等纠纷层出不穷。尽管如此,立法者仍然未能制定囊括所有涉马问题的"马法",而是在现有的侵权法、财产法、贸易法、食品法的抽象规则下处理与马相关的纠纷。原因在于如果所有事项的纠纷都通过专门的法律规则来解决,那么立法机关就会不堪重负,也会使新兴领域的纠纷无法可依。伊斯特布鲁克法官据此总结认为网络空间的纠纷同传统纠纷并没有本质的差异,因而应该适用现有的法律规范来解决。对于伴随网络空间出现的新纠纷的解决,他提出细化现有规则、赋予网络空间的事物(如域名)财产权、创建协商机制等方案。[②]

伊斯特布鲁克法官的反对意见很快在美国学术界引起了争论。哈佛大学法学院的劳伦斯·拉希茨教授的反驳意见最为知名。在

---

① See Frank H. Easterbrook, *Cyberspace and the Law of the Horse*, The University of Chicago Legal Forum, 1996, p. 207 – 216.

② See Frank H. Easterbrook, *Cyberspace and the Law of the Horse*, The University of Chicago Legal Forum, 1996, p. 207 – 216.

一篇发表于《斯坦福科技法评论》的文章中，拉希茨明确反对伊斯特布鲁克法官的将网络空间视同马一样的具体被规范对象的观点，而是指出网络空间不仅是法律规制的对象，它也具有塑造法律本身的功能，网络空间与法律规范两者是相互影响的关系。在这篇文章里，拉希茨提出了规制四要素理论，即人类社会经济活动都无一例外地受到四类因素的规制，分别是法律规范、社会规范、市场规范和架构(architecture)。在传统社会，架构的规制作用往往被忽视，这是因为自然架构(如气候、地理条件、物理距离等)几乎不以人类的意志而变化，因而立法者对此习以为常，不将其作为规制的因素来考虑。但随着信息社会的来临，网络空间本身成为了重要的架构。由于网络空间的高度可调节性(受代码控制)，因此信息社会的架构成为了重要的规制工具。①

在拉希茨看来，网络时代的架构对于法律规范而言具有两个方面的重要影响。一是极大地影响了传统法律规则的规制效果。例如，由于无法通过面对面交流来确定顾客的年龄，禁止向未成年人售酒的法律规范在网络空间中的效力将大打折扣。二是网络架构本身将成为有效的规制工具。通过代码的编写和迭代更新，能够极为有效地实现立法者的规制目标。通过上述论证，拉希茨认为网络空间已不仅仅是法律所规范的对象，其也从整体上影响法律的架构，因而法律本身也必须进行相应的调整。②

笔者认为，上述两位美国学者的观点并非完全对立。拉希茨实际上部分地认同伊斯特布鲁克法官的基本论点，即专门的对象无须

① See Lawrence Lessig, *Code 2.0*, Basic Books, 2006, p. 61 – 65.

② See Lawrence Lessig, *The Law of the Horse: What Cyberlaw Might Teach*, Stanford Technology Law Review, 1999, p. 501 – 546.

专门的法律规则来规制,而应适用抽象的法律规则。在此基础上,拉希茨引入四要素理论,对网络架构的特殊性进行了阐释,论证了其并非专门的对象,而是同法律相平行的对象。由此可见,网络空间中的行为必然有一部分可以受现行法律规则的调整,而另一部分则呼唤新型的法律规则。“网络空间中的行为是否需要专门规则”这一命题并不是一个是与非的判断题,而是一个在具体场景下与“程度”有关的论述题。涉网法律规则的规模与完善程度取决于人们经济社会活动网络化的程度。

中央深改小组2017年6月出台的《关于设立杭州互联网法院的方案》实际上承认了涉网诉讼的独特性以及构建与之相适应的诉讼规则的必要性。国务院于2016年出台的《“十三五”国家信息化规划》要求全国各级法院线上审理的案件占全部案件的比重要从2015年的不足1%提升至2020年的15%,这一趋势要求创造出与之相适应的涉网与涉平台案件诉讼规则。对涉网案件诉讼规则的探索可以从审理对象和审理方式这两个方面进行理解。从审理对象上看,该类规则适用的对象应具有明显的涉网属性,即法律行为出现、变化、消灭等环节发生在互联网空间中的案件以及与案件有关的证据产生、存储于互联网的案件。而且相当部分的这类案件与平台企业有直接的关联。从审理的方式来看,该类规则应同信息化、智能化的诉讼流程相匹配。

随着法院信息化改革的不断深入,我国法院积极探索适应涉网纠纷解决的诉讼规则,部分先试先行的实践经验已经通过立法固定为诉讼的正式规则。总的来看,目前我国法院的探索集中在以下几个方面:一是地域管辖制度的变革。涉网纠纷与法院在线审理的出现弱化了案件的地理因素,我国“原告就被告”的传统地域管辖制度逐渐失去了原有的价值。各个地方法院开始尝试涉网案件的多元地域管辖制度。[①] 二是网上立案规则的普遍确立。随着近年来各地方法院的积极探索，全国相当部分地方法院已实现了网上立案，传统现场立案所产生的时间与交通成本将得以节约下来。[②] 三是在线庭审的积极探索。全程在线庭审已在一些地方法院开始试点。法院、当事人及其他诉讼参与人的庭审行为发生了一系列变化。[③] 在线庭审如何协调同传统的直接言辞的关系成为不可避免的重要命题。四是证据形式和收集证据的方式出现重大变化。电子数据成为最为重要的证据类型，同时如何克服取证难的问题成为各方关注的焦点。[④] 五是送达方式发生重大变化。电子送达逐渐成为送达的重要方式之一。六是执行的方式的变革与效果的提升。法院越来越多地利用信息网络查询被执行人的财产信息，利用网络进行司法拍卖，大大提高了执行的效力。综上所述，涉网诉讼更多的是受到了司法模式平台化与智能化的影响。在智慧法院网上诉讼平台逐步成型的过程中，涉网诉讼的开展如何同现行诉讼相衔接成为一大难点问题。

三、智慧法院网上诉讼平台建设与现行诉讼规则的紧张关系

（一）最高人民法院完善涉网诉讼规则的努力

随着杭州互联网法院的实践不断走向深入，最高人民法院也

---

① 参见肖建国、庄诗岳：《论互联网法院涉网案件地域管辖规则的构建》，载《法律适用》2018 年第 3 期，第 16 ~ 24 页。

② 参见王琦：《法院网上立案的实践检视及路径研究》，载《法学杂志》2016 年第 11 期，第 99 ~ 100 页。

③ 网上审判过程中，作证方式也随之搬到线上，参见李峰：《论视听传输技术作证的规范化——基于民事裁判文书的分析》，载《华东政法大学学报》2018 年第 5 期，第 57 ~ 59 页。

④ 参见潘庸鲁：《人工智能介入司法领域路径分析》，载《东方法学》2018 年第 3 期，第 113 ~ 114 页。

在不断探索和完善互联网法院审理规则。2018 年 9 月 6 日出台的《最高人民法院关于互联网法院审理案件若干问题的规定》立足于互联网法院职能定位，围绕人民群众对互联网司法的新需求新期待，进一步细化明确了互联网法院的案件管辖范围。该规定第 2 条规定，互联网法院集中管辖所在市的辖区内应当由基层人民法院受理的下列第一审案件：(1)通过电子商务平台签订或者履行网络购物合同而产生的纠纷；(2)签订、履行行为均在互联网上完成的网络服务合同纠纷；(3)签订、履行行为均在互联网上完成的金融借款合同纠纷、小额借款合同纠纷；(4)在互联网上首次发表作品的著作权或者邻接权权属纠纷；(5)在互联网上侵害在线发表或者传播作品的著作权或者邻接权而产生的纠纷；(6)互联网域名权属、侵权及合同纠纷；(7)在互联网上侵害他人人身权、财产权等民事权益而产生的纠纷；(8)通过电子商务平台购买的产品，因存在产品缺陷，侵害他人人身、财产权益而产生的产品责任纠纷；(9)检察机关提起的互联网公益诉讼案件；(10)因行政机关作出互联网信息服务管理、互联网商品交易及有关服务管理等行政行为而产生的行政纠纷；(11)上级人民法院指定管辖的其他互联网民事、行政案件。上述管辖范围，主要体现了以下三个特点：一是互联网特性更加突出；二是所涉纠纷领域更加广泛；三是管辖方式更为灵活。

2021 年，最高人民法院总结了北京、杭州、广州等地互联网法院的运行经验，推出了《人民法院在线运行规则》《人民法院在线诉讼规则》《人民法院在线调解规则》等配套文件。其中，《人民法院在线运行规则》规定了人民法院在线运行的基本原则、适用范围，确定了人民法院用以支持在线司法活动的信息系统建设、应用、运行和管理要求，将有助于推动在线诉讼、在线调解所需的配套技术支撑体系构建。《人民法院在线诉讼规则》首次构建了涵盖各审判领域、覆盖诉讼全流程的在线诉讼规则体系，内容涵盖了在线诉讼法律效力、基本原则、适用范围、适用条件，以及从起诉立案到宣判执行等主要诉讼环节的在线程序规则，为各方诉讼主体参与在线诉讼提供明确的程序指引。《人民法院在线调解规则》对依托人民法院调解平台开展的在线调解活动作出了规定，明确了在线调解框架体系，填补了在线调解程序空白，创新完善了互联网时代人民群众参与司法的制度机制，拓展了调解资源共享的广度深度，是首部指导全国法院开展在线调解工作的司法解释。这种在线的调解机制较之于网络交易平台的纠纷解决机制更为公平正义，更为专业，有利于降低纠纷成本，且能更好地收集、分析和利用纠纷解决过程中产生的信息和数据。[①] 尤为引人注意的是，《人民法院在线诉讼规则》还大大拓展了在线诉讼的适用范围，人民法院综合考虑案件情况、当事人意愿和技术条件等因素，可以对以下案件适用在线诉讼：(1)民事、行政诉讼案件；(2)刑事速裁程序案件，减刑、假释案件，以及因其他特殊原因不宜线下审理的刑事案件；(3)民事特别程序、督促程序、破产程序和非诉执行审查案件；(4)民事、行政执行案件和刑事附带民事诉讼执行案件；(5)其他适宜采取在线方式审理的案件。由此可见，在线诉讼的适用范围已经涵盖了除适用普通刑事诉讼程序的案件之外的传统三大诉讼的主要领域，特别是适用部分刑事诉讼程序的案件是对在线诉讼适用范围的一个实质性突破。

互联网法院改革试点与最高人民法院在推进在线诉讼制度建

---

① 参见徐骁琦：《我国网络购物在线纠纷解决机制探究》，载《中北大学学报(社会科学版)》2022年第1期，第67页。

设方面的努力将我国互联网法院制度化实践向前推进了一大步,也有利于杭州互联网法院下一步的制度创新。与此同时,互联网法院案件管辖范围的不断拓展也带了一个很大的疑问,那就是互联网法院到底属于何种性质的法院?其是管辖特定案件的一般基层法院,还是法律上的专门法院?《人民法院组织法》第 15 条将专门法院的范围限定为"军事法院和海事法院、知识产权法院、金融法院等",并未明确提及互联网法院。正如某学者所说,"在缺乏专门法院定位和全员在线诉讼的双重挤压下,互联网法院的职能定位受到了强烈冲击"。

(二)智慧法院诉讼平台建设同诉讼原则的紧张关系

智慧法院建设所引发的新一代信息技术的应用显著地加快了司法信息的传递速度和裁判结果的生成速度,在很大程度上解除了当事人参与诉讼活动所遭遇的空间和时间限制。信息技术,尤其是人工智能的应用越来越显著地影响了法院功能的发挥,改变了诉讼参与人的行为。[①] 此种变化深刻地冲击了传统诉讼原则。对于传统诉讼模式的改造而言,智慧法院诉讼平台建设具有双重的潜在功能。一方面,新技术的应用具有改造传统诉讼模式,彰显传统诉讼原则的可能性。另一方面,这类技术的应用有可能使诉讼流程越来越偏离传统的诉讼模式,与现行诉讼原则产生一定的紧张关系。智慧法院诉讼平台建设同传统诉讼原则的潜在紧张关系集中体现在四个基本方面上,分别是裁判请求权、程序正当原则、庭审的仪式性和亲历性,以及依法独立行使审判权和司法透明。

---

① 参见程金华:《人工、智能与法院大转型》,载《上海交通大学学报(哲学社会科学版)》2019 年第 6 期,第 38 ~ 42 页。

1. 智慧法院诉讼平台与裁判请求权

裁判请求权(right to ask judgment),是指公民、法人或其他组织在认为其合法权益遭到侵害时,将纠纷提交至法院,并请求法院予以公正审理的权利。[①] 狭义的裁判请求权就是将纠纷诉诸法院的权利。任何人无论其年龄、性别、宗教、民族和社会经济地位,都有权要求法院受理其纠纷。广义的裁判请求权还包括:(1)不接受法院以外的机构和个人对纠纷进行裁判的权利;(2)有接受合格且独立的法院和法官按照法定程序进行的不偏不倚裁判的权利。[②] 裁判请求权在"二战"后有宪法化和国际化的趋势。自1947年《日本宪法》明确规定裁判请求权后,越来越多的国家将该权利作为宪法上的重要权利予以保障。此外,《欧洲人权公约》《公民权利和政治权利国际公约》等若干区域性人权公约和国际人权公约都普遍承认裁判请求权。[③]

尽管裁判请求权并非我国宪法上的基本权利,但近年来最高人民法院启动的一系列司法改革都在客观上扩展了该项权利实现的可能性。我国裁判请求权基础的扩展可以从以下三个方面进行总结。一是不断扩展法院受理纠纷的范围,使越来越多的纠纷可以通过司法途径解决。最高人民法院启动的立案登记制改革就体现出扩展案件受理范围的努力。二是贯彻便于诉讼原则,完善案件受理。这类改革包括降低起诉条件、降低诉讼费用、增加诉讼管辖连

① 参见刘敏:《论裁判请求权——民事诉讼的宪法理念》,载《中国法学》2002年第6期,第131页。

② 参见刘敏:《裁判请求权保障与法院审判人员的优化配置》,载《北方法学》2017年第2期,第121页。

③ 参见季金华:《本质与价值:裁判请求权的制度化原则》,载《法学论坛》2008年第5期,第50页。

结点、增加派出法庭数量等。三是加快诉讼进程,提高司法效率。这类改革包括推进案件繁简分流、推广适用小额诉讼程序等。

智慧法院诉讼平台建设对于实现当事人的裁判请求权具有显著的积极作用,这集中体现在新技术的应用降低了诉讼成本。当事人可以通过互联网立案和提交材料,这表明立案已经打破了空间和时间的限制。自2019年3月起,我国12个省市开始试点"移动微法院"平台,当事人可以通过操作智能手机来实现网上立案,这使立案更为方便。无论是在网上立案还是去法院立案大厅,当事人都可以通过勾选必要的信息项,来自动生成起诉状等文书。[①] 互联网和智能系统的应用,提高了当事人立案的效率,降低了诉讼成本。对于一些当事人基于成本考虑放弃起诉的纠纷,在智慧法院的大背景下,则有可能被诉诸法院。这无疑意味着当事人诉讼请求权得到了更大程度的保障。

智慧法院诉讼平台的搭建有助于通过提升司法效率从而更好地落实裁判请求权,但是对于部分人群而言,法院平台化可能会阻碍这项权利的实现。潜在的阻碍体现在以下三个方面。

第一,诉讼模式的平台化变革将司法改革的重心从线下转移至线上,围绕便于立案的传统改革陷入停滞。例如,杭州互联网法院成立后,98%的案件都是通过网上诉讼平台进行立案,该法院的立案大厅十分冷清。如果法院将改革注意力集中在线上,那么传统线下改革的动力则必然遭到不同程度的削弱。需要指出的是,线下的诉讼模式有其不可替代的地位,是落实裁判请求权的基础性保障。传统的立案和庭审方式改革趋缓或者停滞,存在减损部分人群获得

① 参见陈增宝:《移动互联网催生移动微法院》,载《人民法院报》2019年9月8日,第2版。

裁判权的可能性。

第二,现阶段的社会经济发展程度并不能完全支撑网上诉讼平台所推动的虚拟空间中的裁判请求权。截至 2019 年,我国网民达 8.5 亿,占全国人口的比例约为 60% 。这意味着仍然有 40% 的人口无法享受智慧法院带来的全流程线上处理的便利。[①] 即便是网民,也并非能够正确理解和运用智慧法院的网上立案等功能,毕竟我国拥有大学本科学历的人数仅占全国人口的 4% 。因此智慧法院的推进可能会进一步分化当事人行使裁判请求权的能力。掌握大量数据且熟练运用网上诉讼平台的当事人能够较好地保障自己的裁判请求权,从而能够更好地保障自己的权益,而信息匮乏且不具备运用网上诉讼平台能力的当事人则会发现自己通向法院的路越来越狭窄。这部分不善于运用网络的当事人可能是更需要获取司法救济的弱势群体。

第三,智慧法院诉讼平台的兴起使对当事人裁判请求权的保障不平等。通过对诉讼平台和司法大数据进行分析,法院能够深度地挖掘当事人的个人信息和诉讼历史信息,从而给当事人进行分类和贴标签。法院对当事人进行信息挖掘和分类的目的在于提前预警和预测当事人的诉讼行为,进而满足法院审判的需要。那么当事人征信、社会地位、经济状况、诉讼历史等原本与个案诉讼无关的信息可能会进一步加深法官的司法偏见,从而对当事人裁判请求权的实现带来不利的影响。[②] 另外,有实力的诉讼当事人则可以通过有意识地减少不良数据的披露和优化电子信誉,来迎合法院智能应用的分类,从而在诉讼中占得先机。

---

① 参见第 43 次《中国互联网络发展状况统计报告》。

② 参见徐骏:《智慧法院的法理审思》,载《法学》2017 年第 3 期,第 62 页。

2. 智慧法院诉讼平台与程序正当原则

对正义(正当)问题的讨论和立法自古有之。程序公正的立法理念肇始于英国。中世纪以来,英国的自然法逐渐发展出诉讼程序公正的习惯法,具体内容包括不得担任自己案件的法官,以及不得偏听偏信某一方的证词与证据。① 程序正当原则逐渐在欧洲大陆和北美发展。美国《权利法案》首次将"正当程序"确立为一项基本的宪法原则。这项原则包括三项基本内容:(1)有权向独立公正的法官陈述案情;(2)有权获知自己犯罪的事实和触犯的罪名;(3)有权对被控的事实和罪名进行辩解。对于采用大陆法系的欧洲大陆国家而言,近代以来的法典编撰运动客观上推动了程序正当原则的立法发展。如《普鲁士邦法典》就达16,000余条,其首卷的主要内容就是诉讼程序。法典化细化了法律规范,限缩了法官的自由裁量权,进而推动了程序正当原则的适用。②

当代对程序正当问题展开最为系统、全面研究的学者当属罗尔斯。罗尔斯认为正义有着丰富的内涵,至少有三种形态,分别是实质上的正义、形式上的正义和程序上的正义。具体可以分为三类,分别是实质正义、形式正义和程序正义。实质正义要求主体之间结果上的平等,而形式正义则要求外在形式上的平等,对于结果是否平等则在所不问。程序正义则是区别于上述两类正义形态的一种状态,它要求规则在制定和适用过程中具有正当性。③ 总体而言,诉

---

① 参见[英]戴维·M.沃克:《牛津法律大辞典》,北京社会与科技发展研究所译,光明日报出版社1988年版,第628页。

② 参见[美]E.博登海默:《法理学——法哲学及其方法》,邓正来、姬敬武译,华夏出版社1987年版,第67页。

③ 参见[美]罗尔斯:《正义论》,何怀宏等译,中国社会科学出版社1988年版,第80~82页。

讼过程中要实现的程序正义至少应包括以下主要要素：一是程序的参与性，即任何人都应获得法庭的审理，有提出证据、主张和进行充分辩论的机会。二是裁判的中立性，即法官应在审理时保持超然和不偏不倚的地位。三是程序的合理性，即程序必须符合理性的要求，避免当事人遭到随意的处置。四是程序的自治性，即裁判结果不应当是事前确定的，而应取决于法庭审判的过程。①

在司法领域，程序正当原则还需要两项独特机制的保障。第一项保障机制是庭审的亲历性机制。该机制要求在庭审中，法官和诉讼参与人应该处于同一物理空间中。该空间不应过大，无论是封闭的剧场，还是开放的公共广场，都以在场人能够直观地看见和听见对方的言辞为最低标准。庭审在本质上就是法官和当事人多方进行信息互动，以达到补充缺失的信息，去伪存真的目的。实现该目的的方式不仅包括亲历的言辞交往，还包括文字等形式。之所以强调亲历的交往，是因为其他形式的信息交往（如采用书面文字方式的交往）往往存在信息丢失、传递延迟等问题，只有亲历的交往能够最大程度地将当事人的意思直接表达给在场的法官和其他当事人。② 在传统诉讼模式下，庭审亲历机制还具有独特的价值。笔者于2019年参加一次学术研讨会时，一位刑庭法官表示他在庭审中会特别留意犯罪嫌疑人的表现，观察他的发言方式和神情，判断该犯罪嫌疑人的顽劣程度和认罪态度，进而作为量刑的重要参考。这类观察在传统诉讼模式下只有通过亲历庭审才能充分开展。

第二项保障程序正当的机制是庭审的仪式性。古代社会的先

① 参见陈瑞华：《程序正义论——从刑事审判角度的分析》，载《中外法学》1997年第2期，第73～74页。

② 参见段厚省：《远程审判的双重张力》，载《东方法学》2019年第4期，第105页。

民们无法科学地认识事物之间的因果关系,他们为了获得处理问题的办法,往往频繁地寻求神或者祖先的指引。在这类审判或者祭祀活动中,古代先民们需要通过特定场所、物品和动作等安排,来凸显神或者祖先指示的权威性。近代以来,审判过程依靠神明的习惯逐渐消散,但是其仪式性和剧场性依然有所保留。例如,法庭的布置、法官的特制服装、严格的庭审行为规范等都体现了审判的仪式性。审判的仪式性虽然并不能直接影响审判的结果,但也是实现程序正当不可或缺的要素。

智慧法院诉讼平台固然有提升诉讼程序正当性的价值,但是也存在消解程序正当的潜在风险,这体现在以下三个方面。

第一,法官和当事人参与诉讼的程度受到影响。对于法官而言,在诉讼过程中原本由他亲力亲为的事项转而由搭建在平台上的智能应用来承担,这使他无法通过视觉、听觉来全面感知案件和当事人。由于不能充分且全方位地参与到围绕案件的对话中,因此法官缺乏对案件的全景式把握,这可能对裁判的结果产生不利影响。对于当事人而言,长久以来对于自然人法官的期待与信任很难在短期内转移到智能应用上来。当事人无法与人工智能进行充分的沟通和交流,当事人无法对智能应用倾诉,而是只能接受后者的安排和裁决,那么当事人就会因为缺乏充分的参与而无法感受程序上的正当。

第二,对审判亲历性的消解。司法亲自经历与体验的原则是司法活动的重要原则。[①] 智慧法院诉讼平台将使远程审判成为常态。法官、当事人、证人等将不再相聚于一个狭小的物理空间中,而是分别独处一地。美国早期的远程审判主要借助有线电话来实现。近年来,我国的互联网法院通过庭审视频语音等动态信息的实时交互

① 参见朱孝清:《司法的亲历性》,载《中外法学》2015年第4期,第919~923页。

来实现远程审判。未来随着5G和6G技术支撑下的全息投影技术的应用可能会出现使法官和当事人(虚拟状态)同处一室的效果。尽管如此,至少在较长的一段时间里,信息技术尚无法实现同现实物理空间同等真实的效果。这也就意味着远程审判总会或多或少地导致诉讼参与者信息的丢失。法官也就无法如同在传统法庭那样全方位感知庭审的状况,无法通过视觉和听觉捕捉到当事人的微观信息(如表情、动作等)。

第三,对审判仪式性的消解。法院通过制度化的出场顺序,誓言、致辞以及表明场景的其他仪式,赋予了客观、公正、一致、平等和公平等崇高理念以戏剧化的效果。① 各种法律符号具有庄重性和严肃性,强化了诉讼参与人对法庭和法律的认识与尊重。② 如果通过智慧法院诉讼平台来开展诉讼,由于当事人往往在其选择的地点参与诉讼,那么他就无法感受进入庄严肃穆法庭时的心理震撼。换言之,智慧法院诉讼平台将在很大程度上使庭审去剧场化。③ 杭州互联网法院率先试点异步审理的模式,当事人可以通过文字,在不同时间段参与诉讼。那么在此模式下,当事人有足够的时间回应对方的观点,这就与传统诉讼过程中的当场直接回应有显著的区别,给案件的审理带来了新的挑战。

3. 对独立行使审判权和司法公开的消极影响

独立行使审判权是近代以来确立的法院运行的基本原则之一。概括而言,该原则要求法院受理、审理和裁决案件时应独立于其他

---

① 参见[美]伯尔曼:《法律与宗教》,梁治平译,中国政法大学出版社2003年版,第21页。

② 参见易军:《诉讼仪式的象征符号》,载《国家检察官学院学报》2008年第3期,第95~96页。

③ 关于审判剧场化与广场化的理论研讨,参见舒国滢:《从司法的广场化到司法的剧场化——一个符号学的视角》,载《政法论坛》1999年第3期,第12~17页。

国家机关、团体和个人。“二战”后审判权独立行使原则在世界多数国家获得了宪法和法律的确认,成为各国普遍认同的基本司法原则。尽管我国学术界对于审判权独立行使原则的内容有不同的看法,但是基本的共识是该原则至少包括两个维度的子原则,一是司法机关应独立于其他国家机关,二是司法机关应独立于原告、被告及其他诉讼相关人员。[①] 我国1954年《宪法》就已确认了法院依法独立行使审判权,该原则在1982年《宪法》中再次得到确认,成为司法运行的基本原则。[②]

司法公开是法院运行的另一项基本原则。近代以来,将司法运行进行披露成为反对封建特权制度和刑罚专横现象的有力武器。司法公开原则的内涵可以概括为以下三个方面:(1)法院开庭审理案件的过程应公开,尤其是法官居中两造对抗的场景应公开;(2)庭审中法官的裁判依据与说理应公开;(3)判决结果应公开。[③] 改革开放以来,我国法院在制度和实践两个层面持续推进落实司法公开原则。法院公开审理案件是我国《民事诉讼法》的基本要求。[④]

2009年,最高人民法院发布《关于司法公开的六项规定》对司法公开的范围提出了更高的要求。[⑤] 2013年起法院开始在互联网公布

---

① 参见齐延平:《司法权中立的内容构成》,载《法商研究(中南政法学院学报)》1999年第4期,第103~107页。

② 参见陈卫东:《司法机关依法独立行使职权研究》,载《中国法学》2014年第2期,第21~23页。

③ 参见刘敏:《论司法公开的扩张与限制》,载《法学评论》2001年第5期,第46~48页。

④ 我国《民事诉讼法》第137条第1款规定:“人民法院审理民事案件,除涉及国家秘密、个人隐私或者法律另有规定的以外,应当公开进行。”

⑤ 要求各级法院将立案、庭审、执行、听证等工作向社会公开,同时裁判文书和法院审判管理、案件进展情况、工作方针政策、法律活动部署、司法统计数据、重要研究成果等,也都要向社会公开。

裁判文书，此项实践逐步扩展，最终建成全国裁判文书网。

智慧法院诉讼平台在全面提升法院运行质效的同时，也可能阻碍依法独立行使审判权和司法公开的实现。就智慧法院对依法独立行使审判权与司法公开的潜在消极影响可以从以下四个方面进行总结。

首先，智慧法院诉讼平台可能强化上级法院和其他强力国家机关对法院的不当干预。诉讼平台的运行不仅实现了法院系统内部数据的互联互通，还实现了司法数据同政府服务平台的对接。那么上级法院和政府将可以实时获取法院运行的动态数据。在下级法院的人财物管理日趋向上级法院集中的大趋势下，数据的集中可能会加剧法院系统行政化的趋势，限缩下级法院自主空间。① 本级政府作为法院财政的主要支持方，对法院的影响也会由此增强，这不利于法院独立行使审判职权。②

其次，智慧法院诉讼平台可能影响法官的自主裁判。从根本而言，法官的绩效在于通过个案定分止争，输出正义。但正义很难被衡量，于是对法官绩效的考核只能依赖于他的审理行为。智慧法院诉讼平台能够对法官的行为进行事无巨细的纪录和量化。这一变化并非好事。在这一趋势下，作为理性人的法官将会更倾向于按照既定的标准调整自己的行为，避免触发智能系统的预警，这无疑会抑制法官的创造力和自主性。

再次，大数据技术与智能装备的应用影响法院的独立地位。目前承担技术研发的主要是大型科技公司，如阿里巴巴、腾讯、科大讯

---

① 参见徐骏：《智慧法院的法理审思》，载《法学》2017 年第 3 期，第 60 ~ 61 页。

② 关于我国司法地方化与行政化现象的研究，参见彭何利：《中国法院的现代转型：模式选择与体系框架》，载《法学》2016 年第 10 期，第 151 ~ 155 页。

飞等。这些企业具有雄厚的科技实力,是开发司法人工智能产品的合适主体,但问题在于这些大型互联网企业也是十分活跃的诉讼参与主体。例如,每年以阿里巴巴为被告或者共同被告的网上购物纠纷数量巨大,阿里巴巴由此获得了丰富的应诉经验。由这类企业来承担智慧法院关键装备的研发不免会使公众对智慧法院裁决的独立性和超然性产生怀疑,从而减损法院的公信力。[①] 此外,不同企业开发的算法往往存在设计理念和结构上的差异,这必然会或多或少地使得智能辅助设备的输出存在差异,进而对裁判结果产生一定的影响。

最后,智慧法院诉讼平台将可能影响司法公开的扩展。尽管"互联网+"、人工智能的应用极大地提高了公众获取司法信息的能力,但是智慧法院建设对于司法公开的潜在威胁不容低估,这集中体现在算法的隐匿与不可测上。法官通过裁判文书的说理部分或者庭审的阐释实现了其自由心证的公开,但是替代法官自由心证的复杂算法不仅可能处于无法被公众理解的尴尬状态,还存在导致法律议论流于形式和助长算法歧视的可能性。[②] 更为严重的是,依靠司法大数据和机器深度学习创造的算法具有一定的不可测性和随机性,这不利于智慧法院落实司法公开原则。

(三)智慧法院诉讼平台建设同现行诉讼规则的紧张关系

智慧法院诉讼平台建设已经获得了前所未有的政策支持,在资金、技术、人才等方面的投入也在持续增加,但现实的情况是,杭州互联网法院的诉讼平台试点工作面临诸多制度上的束缚。这些束

---

① 参见侯猛:《互联网技术对司法的影响——以杭州互联网法院为分析样本》,载《法律适用》2018 年第 1 期,第 55 ~ 56 页。

② 参见季卫东:《人工智能时代的法律议论》,载《法学研究》2019 年第 6 期,第 32 ~ 37 页。

缚有些来自现行诉讼法制不适应智慧法院诉讼模式的需要的现实，有些则归因于初始配套制度安排过于谨慎。这些制度束缚限制了智慧法院诉讼平台的试点工作，使其无法完全落实中央顶层设计对其发展定位的要求。

1. 智慧法院诉讼平台同部分现行诉讼规则存在紧张关系

当前我国没有关于涉网诉讼规则的专门法，智慧法院的审判活动必须遵守三大诉讼法律制度的规定。以《民事诉讼法》为例，1982年制定的《民事诉讼法（试行）》（已失效）并未考虑对新兴通信技术的利用，相反，该法多处规定体现了直接言词原则，例如该法强调了审判员、当事人和其他诉讼参与人应亲临现场参与诉讼的流程。以送达为例，《民事诉讼法（试行）》要求对于诉讼文书原则上应当直接送达受送达人，直接送达不能的，采用留置送达等其他送达方式。又以开庭审理为例，《民事诉讼法（试行）》要求原告、被告和其他诉讼参与人应亲自到庭参加诉讼，只有在被告无正当理由拒不到庭的情形下，才可以缺席审理和判决。1991 年和 2007 年全国人大及其常委会对《民事诉讼法（试行）》的两次较大范围的修改和补充并未触及上述的原则性规定。

全国人大常委会于 2012 年 3 月通过的《民事诉讼法》修正案纳入了若干有利于诉讼信息化、智能化发展的规定。在管辖方面，《修正案》扩展了协议管辖的适用范围，适用的纠纷类型从合同纠纷扩展到其他财产权益纠纷，这为涉网案件的集中管辖提供了制度前提。[①] 在证据方面，《修正案》将电子数据明确列为证据。在送达方

① 《最高人民法院关于适用〈中华人民共和国民事诉讼法〉的解释》第 34 条将协议管辖的适用范围进行了扩大解释，当事人因同居或者在解除婚姻、收养关系后发生的财产争议也适用于协议管辖。

面,《修正案》允许多数诉讼文书的网上送达,其明确规定经受送达人同意,诉讼文书可以通过电子邮件等方式送达,判决书、裁定书和调解书除外。2014 年 12 月发布的《最高人民法院关于适用〈中华人民共和国民事诉讼法〉的解释》(以下简称《民诉法解释》)进一步细化了若干有利于涉网诉讼开展的规则。该解释第 259 条规定:当事人双方可就开庭方式向人民法院提出申请,由人民法院决定是否准许。经当事人双方同意,可以采用视听传输技术等方式开庭。①

全国人大常委会于 2021 年通过的《民事诉讼法》修正案进一步提升了线上诉讼的合法性。修正后的《民事诉讼法》第 16 条第 1 款规定,民事诉讼活动可以通过信息网络平台在线进行,前提是要经当事人同意;该条第 2 款确认,民事诉讼活动通过信息网络平台在线进行的,与线下诉讼活动具有同等法律效力。修正后的《民事诉讼法》第 90 条规定,经受送达人同意的,可以通过电子方式送达判决书、裁定书、调解书等结案文书。

通过对《民事诉讼法》的修改过程的分析可以发现,民事诉讼规则在同互联网技术的结合方面已经实现了突破。这些突破的"口子"已经成为当前全国范围内智慧法院审判运行的规则基础。尽管如此,这些突破并不能表明《民事诉讼法》的立法精神和主要内容已经实现了有利于网上诉讼和智慧法院的根本转变。从整体上看,《民事诉讼法》不足以充分回应司法信息化和智慧法院建设的要求。这种不足体现在以下两个方面。

首先,构建适应信息时代和人工智能时代的诉讼规则尚未成为

---

① 关于我国民事诉讼法修改的信息化转向,参见刘敏:《电子诉讼潮流与我国民事诉讼法的应对》,载《当代法学》2016 年第 5 期,第 20~22 页。

引领诉讼制度改革的基本任务和原则。尽管2012年以来《民事诉讼法》朝着有利于涉网诉讼的方向发展,但是这一轮信息化改造的力度较小,构建涉网诉讼规则并未成为改革的核心内容。适应互联网技术的民事诉讼新规则在《民事诉讼法》中仅有零星的体现。这些规则的适用要么附带一定的限制性条件,要么是作为原则性条款的例外。以传统线下方式开展诉讼活动仍然具有主导地位,通过信息网络平台在线开展民事诉讼应当经当事人同意。以送达为例,如上文所述,网上送达是当面直接送达无法实现时的补充送达方式,须经受送达人同意。其次,涉网诉讼规则的适用范围存在较大局限性。根据2022年《民诉法解释》的规定,在线审理的案件采用简易程序进行。相比普通程序,简易程序的特点在于大幅简化了诉讼的流程,简化了传唤当事人、审理前准备、制作结案文书等诉讼程序。"采用视听传输技术等方式开庭"这一规定是作为简易程序的表现形式出现在《民诉法解释》条文中的,这其实是将涉网诉讼规则的价值仅仅限定在提升诉讼效率、及时审理民事案件上。这一立法逻辑在于由于简易程序简化了诉讼环节,不利于充分保障当事人诉讼权利,因而限制其适用的范围。立法者将互联网技术的运用同简易程序捆绑起来,作为解决案多人少问题、提升诉讼效率的方式。

我国立法机关并未将民事普通程序作为互联网技术改造的主要对象,互联网技术的广泛运用主要还是在简易程序方面,涉网诉讼规则在本质上属于简易程序的诉讼规则。因此,涉网诉讼所审理的案件类型受到较大的限制,即必须是"事实清楚、权利义务关系明确、争议不大的民事案件"。在立法理念上,互联网技术的运用是出于简便诉讼,提高诉讼效率的考虑,并未考虑保障当事人的诉讼权利、维护司法公正的价值。就法理而言,互联网技术也可以起到维护和促进这一价值的作用,将互联网技术运用于普通程序的全流程不仅可以起到提升审判效能的作用,也能极大地保障当事人的诉权,为维护司法公正提供必要的前提。[①] 由于立法理念上的局限,互联网法院目前仅能采用简易程序审理事实清楚、权利义务关系明确、争议不大的民事案件,而无法适用普通程序审理复杂和社会影响力大的案件,这不利于互联网法院等试点法院在更大的范围上积累诉讼经验和总结典型案例。

2. 智慧法院在线诉讼配套制度安排过于谨慎

互联网法院是推进智慧法院诉讼平台建设的先行者,率先对配套制度进行了大胆调整。通过探讨互联网法院配套制度的安排就可以窥见我国智慧法院建设制度安排的现状。2017 年 8 月,最高人民法院发布文件对杭州互联网法院的管辖、受案范围、法院级别等若干配套制度进行了规定。如果我们以前述的发展定位为标准来审视这些配套制度,我们可以发现随着试点工作的推进,最高人民法院最初设置的配套制度显得过于谨慎,已不能满足杭州互联网法院的发展需要,这体现在以下两个方面。

首先,可受理的民商事案件范围过小。经最高人民法院授权,杭州互联网法院集中管辖下列 5 类民商事案件:(1)互联网购物、服务、小额金融借款等合同纠纷;(2)互联网著作权属、侵权纠纷;(3)利用互联网侵害他人人格权纠纷;(4)互联网购物产品责任侵权纠纷;(5)互联网域名纠纷。在电子商务网上法庭建立之初,西湖、余杭、滨江法院分别仅管辖一类涉网案件。经过一年的运行,法院的受案范围逐步扩展到十几类涉网案件,积累了较为成熟的审判经验。[②]

---

① 从应然的层面看,互联网技术的价值应是多元的,参见王福华:《电子诉讼制度构建的法律基础》,载《法学研究》2016 年第 6 期,第 91 ~ 93 页。

② 参见陈辽敏:《电子商务网上法庭的探索和实践》,载中国法院网,https://www.chinacourt.org/article/detail/2016/10/id/2316031.shtml。

作为杭州三家基层法院电子商务网上法庭的升级版本，杭州互联网法院无论是在信息基础设施搭建，审判队伍建设上还是在诉讼规则的制定方面都取得了显著的进展。与此形成对比的是，杭州互联网法院在受案范围上仅被允许审理上述5类涉网案件。这反映出在受案范围的安排上过于谨慎的问题。2018年9月6日公布的《最高人民法院关于互联网法院审理案件若干问题的规定》将互联网法院的受案范围扩展到8类民商事案件。互联网法院审理的8类案件属于27类主要民商事案件中的8类。案件类型过少也限制了互联网法院涉网诉讼规则的创新和典型案例的总结。

其次，地域管辖范围偏窄。互联网法院集中管辖各设区的市行政区划内基层法院有权管辖的涉网案件。试点表明，北京、杭州、广州互联网法院能够满足本市行政区域的诉讼需求，其受理案件的能力有望得到提升。这是因为，一方面，其审判队伍将得到大幅度补强，如杭州互联网法院已获批增加35个中央政法专项编制。这些干警招录到岗后将极大地充实审判队伍，强化审判实力。如果还是按照目前的管辖范围来受理案件，很有可能出现互联网法院“吃不饱”的情形，这不利于充分发挥其审判效能和履行改革试点任务。另一方面，除杭州外，浙江的宁波、金华、义乌等地的互联网经济也发展迅猛，涉网纠纷数量呈快速增长趋势，对于司法保障和服务的需求也趋于旺盛。可以考虑将杭州、广州互联网法院管辖的范围扩大到其他地市，甚至整个省级行政区域。

四、启动诉讼规则改革的现实困境

如果说智慧法院建设的第一阶段的工作重心是搭建网上诉讼平台，破除同其他诉讼交往主体之间存在的技术壁垒，打通数据孤岛，那么下一阶段的工作重心无疑就是破除制度束缚，在更大范围开展涉网诉讼的试点工作。虽然信息化和智能化已成为法院改革的明确方向,但是如何审时度势地深化改革,解除目前法院在信息化、智能化建设方面面临的制度束缚,则是一大难题。诉讼制度的变革需要综合运用立法与法律解释两种方法。[①] 法律解释的变革空间较小,而立法的难题无论是体现在构建专门的涉网诉讼规则,还是体现在改造现行诉讼规则,都面临较大的困难。

第一,以国家法律形式构建一整套专门涉网诉讼规则的可行性不高。目前,涉网诉讼规则尚在探索之中,还不具备以国家法律形式被固定下来的条件。单行法形式本身的合理性也值得商榷,这是因为随着各地司法信息化的开展,普通案件中的涉网因素越来越多,涉网诉讼规则将具有普遍性,因此很难分清到底是适用民事诉讼法的规则还是适用专门涉网诉讼法的规则。

第二,全面改造现行诉讼规则面临较大困难。与专门立法相比,改造现行诉讼法更为可行。可修改《民事诉讼法》的相关规定,使其立法精神和具体条文朝着适应涉网诉讼的方向转变,但是启动修法的时机尚未成熟。[②] 一方面是因为我国在信息化、智能化发展方面存在地域差异,另一方面是因为涉网诉讼和智慧法院建设正处于方兴未艾阶段,最高权力机关即便想改造现行法律规范,也无从下手。同时,与地方立法相比,中央立法影响重大,一旦失败将带来

---

① 参见王福华:《电子诉讼制度构建的法律基础》,载《法学研究》2016 年第 6 期,第 94 ~ 97 页。

② 周翠指出,当时的《民事诉讼法》以计划经济时代的《苏俄民事诉讼法典》为蓝本,无论是概念界定、理念构想,还是程序结构或制度设计,均已不再适应全球化与现代化背景下的市场经济社会。参见周翠:《我国民事司法多元化改革的现状与未来》,载《中国法学》2018 年第 1 期,第 65 页。

全局性的影响,因此修改国家法律应慎重。①

第三,自下而上“摸着石头过河”的改革进路也不可行。既然自上而下的制度变革行不通,那么能否采取自下而上的改革?比如借鉴20世纪80年代末深圳在突破国有土地流转的限制上采取的“良性违宪”的做法,从而倒逼宪法等相关法律的调整。② 就法理而言,良性违宪虽然具有一定的现实价值,但是面临严峻的合法性危机。这类做法背离了基本的法治理念,同时破坏了法律体系的安定性。应该看到,深圳经济特区采用“良性违宪”的方式破除制度束缚具有鲜明的时代背景。20世纪80年代初,改革经济体制已成为中央和地方的共识,深圳经济特区的高速发展要求进一步破除僵化的计划经济体制所带来的束缚,而当时的法律体系尚处于十分粗略的状态。这些条件为20世纪80年代“违宪”“违法”的地方改革开启了一扇机会之窗。随着我国社会主义法律体系的建立和完善,以及宪法和法律委员会的成立,对于地方改革“于法有据”的要求越来越高,实施“良性违宪、违法”的客观条件已不复存在。③

综上,智慧法院诉讼平台建设摆脱制度束缚的关键在于找到一

① 试点授权也应当遵循比例原则。王建学认为试点改革对全国的影响应控制在5%以内,最高不能超过30%。参见王建学:《授权地方改革试点决定应遵循比例原则》,载《法学》2017年第5期,第46页。

② 法学界关于良性违宪的争论,参见郝铁川:《论良性违宪》,载《法学研究》1996年第4期,第90页;童之伟:《“良性违宪”不宜肯定——对郝铁川同志有关主张的不同看法》,载《法学研究》1996年第6期,第19页;童之伟:《宪法实施灵活性的底线——再与郝铁川先生商榷》,载《法学》1997年第5期,第15页;张千帆:《宪法变通与地方试验》,载《法学研究》2007年第1期,第63页。

③ 中共中央于2014年10月发布的《中共中央关于全面推进依法治国若干重大问题的决定》明确指出改革应符合法治原则,即“实现立法和改革决策相衔接,做到重大改革于法有据、立法主动适应改革和经济社会发展需要”。

种既能满足诉讼规则改革,又能有效维护国家司法制度统一的机制。回顾改革开放的历史,正是由于这一机制的缺失,才导致我国法制统一与地方改革之间的紧张关系长期存在。[①] 从1978年的包产到户改革和1987年深圳允许土地有偿流转等重大地方改革可以看出,国家法制统一与地方改革的紧张关系是通过地方猝然发动改革,突破宪法和法律的限制来缓解的。随着中国特色社会主义法律体系的逐步完善,中央和地方出台的各类法律法规所构筑的规范体系越发坚固和细密,地方"违宪""违法"的改革的代价越来越高,其启动也就变得越来越困难。

五、小结

随着智能应用在范围和深度上的持续扩展,智慧法院诉讼平台建设同现行诉讼制度的紧张关系越来越显著。信息化、平台化、智能化与诉讼流程的深度融合深刻地冲击了传统诉讼原则,包括裁判请求权的保障、程序正当原则、依法独立行使审判权与司法公开原则等。应该看到法院信息化、平台化、智能化的建设是一把"双刃剑",在某种程度上,能够促进上述原则的实现,但在一定程度上又存在阻碍上述原则落实的风险。智慧法院诉讼平台建设通过降低个案的诉讼成本从而实现裁判请求权的保障,但是该项改革也存在不平等地保障当事人裁判请求权的可能性,从而阻碍了一部分公民此项权利的实现。智慧法院固然有提升诉讼程序正当性的价值,但

① 在新中国成立之初,地方改革突破中央的政策和精神的现象就已出现,这体现在1951年陕西省长治县突破《中国人民政治协商会议共同纲领》中确立的以土地私有为基础的新民主主义原则,开展以土地公有为基础的农村经济改革。其他重大事例还包括1978年安徽凤阳县小岗村首创的包产到户和1987年深圳政府允许土地有偿流转,参见杨登峰:《区域改革的法治之路——析上海自贸区先行先试的法治路径》,载《法治研究》2014年第12期,第45~46页。

是也存在消解程序正当的潜在风险，这体现在对法官和当事人参与诉讼的程度的削弱，以及对审判亲历性和审判仪式性的消解方面。尽管近年来《民事诉讼法》的修改已体现出其同信息技术相融合的趋势，但与诉讼和法院管理有关的法律法规不足以充分回应司法信息化和智慧法院诉讼平台建设的要求。

第七章　智慧法院诉讼平台建设和诉讼规则构建的未来方向

先进信息技术与制度的相互推动是未来我国智慧法院诉讼平台建设和诉讼规则构建的重要推动力。目前,应找准阻碍诉讼平台建设和诉讼规则变革的关键因素,有针对性地投入技术、资金和立法资源,实现诉讼平台与诉讼规则的交替进步。前文指出智慧法院诉讼平台的建设尽管已经取得了显著的成效,但是也暴露出智能应用实践效果欠佳、研发未取得突破性进展、存在大数据与技术障碍以及人才与资金匮乏等问题。平台化、智能化背景下诉讼规则的转型也存在若干问题。第七章结合前文对于现状与问题的探讨,提出了若干针对性的改革建议。探讨的内容从三个方面展开。在技术层面,探讨支撑智慧法院建设的人才培养与智能系统研发运用问题;在理念层面,探讨人工智能在未来司法运作中的定位;在制度层面,探讨诉讼规则的改革问题。

一、智慧法院诉讼平台的建设进路

近几年全国范围内司法人工智能的研发工作已经积累了初步的经验,显露出若干问题。结合本书关于智慧法院诉讼平台建设面临的主要技术障碍的讨论,本节认为应适度调整前沿大数据、"互联网+”和人工智能技术同司法融合的策略,同时高校学科应被打通,高校与实务部门应实现联动,加快培养符合信息化、平台化和智能化需求的法律人才。

(一)调整研发策略

1.加快前沿技术的司法应用

智慧法院诉讼平台建设有赖于我国人工智能技术的不断发展,但智慧法院诉讼平台建设不应也无法承担我国人工智能发展的重任。我国人工智能的发展是一项系统性强的重大工程,需要国家、社会和市场的合力推动。司法仅是国家治理的方式之一,在既缺乏高端人工智能人才也缺乏活跃应用场景的情形下,司法很难成为人工智能理论与技术创新的实验场。未来人工智能的发展需要理论与技术的齐头并进,而制造、医疗、农业、交通、金融、国防等领域才是有望涌现重大原创成果的领域。因此智慧法院诉讼平台建设不应当将主要精力放在人工智能理论与技术的原创性开发上,而是应当使其处于“拿来用”的从属地位,以吸收前沿技术来实现智慧法院建设的推进。在技术层面,智慧法院诉讼平台建设的核心问题在于如何迅捷、充分地将新一代人工智能的相关共性技术应用到智慧法院中来。为了实现这一目标,应倡导开源共享的理念,推动科研、产业、政府等各创新主体共创共享,实现共性技术的及时转化和应用。同时应改善不合时宜的司法制度,建立灵活开放的司法制度与机制,为吸收前沿技术提供良好的制度环境。

2.坚持官方与市场的双轮驱动

传统上,市场主体无法参与法院的建设,这一方面是因为司法权是国家高度垄断的权力,普通市场主体不得涉及,另一方面则是因为通常政府除掌握权力外,还掌握履行职责所必需的知识、技术和资金,无须第三方主体的介入。但是在市场经济下,我国政府部门信息化的建设承担方主要是作为第三方的科技企业。实际上,法律市场本身就是信息化改革浪潮所覆盖的重要部分,囊括了律师、企业法务、多元纠纷解决等多个子系统。[①] 改革开放以来,我国市场经济迅猛发展。随着市场各类主体的不断壮大,尤其是平台企业的兴起,政府在资金和技术上的优势逐步被削弱。在倡导国民经济信息化的大背景下,我国数字经济的快速发展进一步凸显了政府与民营企业在互联网、大数据和人工智能方面的技术鸿沟。市场主体参与政府部门的信息化改造就成为了一种“新常态”。

此外,我国围绕3000多家法院和60多万律师已形成了一定规模的法律服务市场,持续扩大的法律服务市场也吸引了人工智能相关资本和技术的流入。值得注意的是,大型科技企业出于改善自身经营的现实需要,也有参与智慧法院建设的需求。[②] 如某宝、某猫平台通过自身的纠纷解决机制已经化解了绝大多数网络购物纠纷,但是仍然有绝对数量不低的纠纷进入法院。更为有效、快速地化解这类纠纷,是阿里巴巴参与司法人工智能开发的主要动力之一。在未来推进智慧法院建设时,应继续坚持官方与市场的双轮驱动。具体而言,官方和市场应有一定的分工。在注重发挥官方规范引导、政策支持和环境营造功能的同时,应鼓励民营资本和前沿技术在遵循市场规律的前提下投入智慧法院诉讼平台的建设。

3. 研发力量的投入应适度集中

当前智慧法院诉讼平台建设在全国范围内得以全面推进。在这一可喜的形势下,该项改革也面临研发投入不足、重复低效建设

---

① See Richard Susskind, *The End of Lawyers? Rethinking the Nature of Legal Services*, Oxford University Press, 2010, p. 53 – 55.

② 参见侯猛:《互联网技术对司法的影响——以杭州互联网法院为分析样本》,载《法律适用》2018年第1期,第55~56页。

等问题。应该承认"遍地开花式"的研发模式有其内在的优点,这集中体现为能够分散研发的风险,形成竞争的态势,有利于顶层改革者选择最优的方案。但从性质上看,司法人工智能的研发不宜过度分散,这是因为此类研发投入巨大且周期长,往往需要多次迭代更新才能实现预期的效果,因此具有较强的规模效应。目前,诸多地方法院各自从事开发,尽管貌似有诉讼平台及其创新智能应用"遍地开花"的效果,但是此类建设往往面临着官方宣传和实践成效存在很大的距离的问题。司法人工智能的研发应适度集中。首先组织和参与研发的法院应是较高层级的法院,包括最高人民法院、各省高级人民法院和有条件的中级人民法院。同时,不同地方的法院和科技企业所从事的具体研发工作应有所侧重,研发的任务应该同该法院的审理专长和科技企业的技术特点相一致。

(二)完善司法大数据的共享开放与安全防范机制

1.进一步推进司法大数据共享与开放机制建设

司法大数据的共享开放作为打造智慧法院诉讼平台的关键抓手,不仅是打破法院内部部门樊篱、实现流程再造和互联互通的前提条件,更是司法大数据应用创新、提升审判质效的重要保障。如前所述,当下我国司法大数据的共享开放已进入深水区,共享限制较多、数据类型不够丰富、数据流动偏缓等一些卡脖子的关键问题越发突出。针对这些问题,改革可以从以下四个方面推进。

首先,让更丰富的司法数据跑路,扩展司法大数据的类型与范畴。目前,司法数据的共享与开放范围还十分有限,主要集中在结案文书数据,诉前与诉讼过程中产生的海量数据往往没有被纳入共享与开放中,这直接限制了公共数据共享开放的效果与覆盖面。从司法大数据的公共属性角度和优化公共服务的角度来看,这些司法大数据都属于公共数据。应考虑适时将法院及相关司法辅助部门确定为数源部门,将这些部门和单位产生的具有公共属性的司法大数据统一汇入公共数据管理平台。应推进司法大数据共享与开放目录的编制工作,实现应收尽收。为了从根本上实现“目录之外无数据”的目标,应考虑以按需编制与法院全面摸排编制相结合的方式来编制公共数据目录。

其次,让更多元的数据跑路,增加司法大数据的外部供给。在智慧法院诉讼平台建设逐步推进的背景下,获取诉讼参与人的数据信息是法院顺利开展全流程线上诉讼、查清案件事实和顺利结案的关键。为了加快审理涉某宝平台的网上购物纠纷,杭州互联网法院诉讼平台与某宝平台实现了接口对接,能够从某宝平台一键获取订单信息、买卖双方信息等关键诉讼信息。未来建议建立平台企业等重要诉讼参与人提供与诉讼相关数据的制度。为了提高诉讼参与人对于数据提供的可预期性,降低其向法院提供数据的恣意性,未来立法应重点明确数据提供的原则、范围与程序,根据监管需求与规制场景的差异,作出定制化、个性化的制度设计,使司法数据需求和数据供给达到精确匹配,避免给诉讼参与人徒增负担。一方面,企业报送数据的类型、数量与频次应以实现监管目标所必需为限;另一方面,如果能够通过其他方式获取所需的数据,则不应要求企业再次提供此类数据。

再次,让数据多跑高速路,优化司法大数据的流通管道。司法大数据共享开放的发展程度,不仅取决于司法大数据的丰富多元化程度,同时也受到数据传输效率的限制。没有高效的数据流通管道,拥有再庞大的数据体量也无济于事。司法大数据的流通管道存在于数据的归集、交换、输出各个环节,考验的是数据公路的铺设技术,对数据流通管道的规划既要循序渐进,也要目光长远,应在可靠性的基础上尽量保障扩展性,同时尽可能避免不必要的人为障碍,为未来整体智治下的司法大数据平台预留出足够的数据通量。具体对策建议如下。建议推广"数据高铁模式",将数据接口直接搭建在数源部门的数据生产系统上,实时获取该部门的司法数据,极大地提升法院内部司法数据共享开放的效率。建议推进司法大数据类别的标签化改革,划定公共数据开放优先级,实现精准开放。在标签化分级开放的前提下,应以应用场景为导向,确保每项司法数据对数据使用者迅速产生价值。

最后,让数据少走冤枉路,统一司法大数据的传输标准。我国法院信息化建设在取得巨大进展的同时,也留下了"烟囱式"开发的弊端。尽管网上诉讼平台的建设已经很大程度上扭转了分散式系统开放的问题,但是历史上留存的系统不兼容问题,仍然给当下的司法数据共享工作带来了很大困难。信息系统的多样化不仅造就了众多的数据孤岛,也加大了公共数据在归集、交换、输出等各个环节传输失真的可能性,好比走了冤枉路。为了避免数据走冤枉路,最重要的就是统一公共数据的传输标准。具体对策建议如下。应本着"减存量,控增量"的原则,一方面,将现有的信息系统向一体化诉讼平台迁移,以缩减各部门的信息系统,实现司法大数据的汇聚;另一方面,司法相关部门不得新建业务专网,同时新建的业务系统应支持与同级公共数据平台对接。应完善司法大数据传输的清洗协作机制,明确数据归集的分工与责任。未来应该通过制度建设明确司法数据清洗的责任分工,要求产生司法数据的部门对本部门数据进行初步清理,以提高数据流通效率。同时,数源部门需要对清洗过程提供说明,避免对司法数据的不当筛选,以免数据共享开放出现盲点。

2. 建立司法大数据安全防护制度

随着《数据安全法》《个人信息保护法》等重要国家法律的陆续

出台，我国司法大数据全生命周期安全防护工作也迎来了发展的契机。应当针对司法重要数据目录制定、司法大数据安全监督、组织保障与运维技术保障等三方面强化司法大数据的全生命周期安全防护。

首先，应明确司法重要数据安全防护目录的划分依据、划分标准。第一，细致化分类传统的个人权益、商业秘密、公共利益以及国家安全等传统重要数据，具体可细化为：国民经济运行关键行业、安全保卫、自然资源与环境、健康类、敏感技术、政府工作秘密等。第二，明确细致划分的主要依据，考量因素可包含以下方面：数据类别等级、对国家安全和公共利益的影响程度、安全防护面临的主要威胁、涉及的行业、主管部门、主要分布和主要特征等。在重要数据划分标准方面，可以考虑将对重要数据目录的细化解释的制定权力只下放到各高级人民法院，在省域内部形成统一的司法数据信息目录划分标准。应构建司法重要数据目录编制申诉机制，允许相关部门、企事业单位和个人就编制问题提出申诉。具体而言，当公民、法人或者其他组织对司法重要数据目录有疑义或者发现有错误时，可以申请校核和更正。

其次，构建具有可操作性的司法重要数据和个人信息保护监督机制。最高人民法院及各地方高级人民法院应当在《数据安全法》等基础性法律实施后，在各地区、各部门、各行业统一制定的重要数据目录基础上，根据不同数据信息的场景制作专门性的司法数据安全保护监督检查办法，将监督检查从事后移至事中事前。应相应提高数据安全日常监管的频率和强度，对复制、导出、脱敏、销毁数据等影响数据安全的行为以及可能影响个人信息保护的行为进行主动监督。同时应建立应急反馈机制，当收到关于对司法数据歪曲、泄露、不当使用的反馈时，或者发生内部司法数据泄露等安全事件时,能够及时启动反应措施,及时受理并处理有关投诉和举报,同时自查并填补司法大数据处理可能存在的漏洞。

最后,提升组织保障与运维技术保障水平。在组织保障方面,应根据法院审判流程和内部管理的不同需要,构建科学合理的司法大数据安全防护组织保障体系。对处理重要数据和个人信息的人员的控制措施应制度化,确保适格的工作人员在适当的时间和空间处理数据,无关人员不得接触相关数据。定期组织法院干警进行安全教育、技术培训和技能考核,制定数据安全事件应急预案,并定期进行演练。

(三)加快培养满足智慧法院诉讼平台建设需求的人才

至少在可以预见的较长一段时期内,人工智能尚无法发展成为自我更新的独立系统,因此推进智慧法院诉讼平台建设的主要动力仍然是人。未来可以考虑从以下三个方面加快培养满足智慧法院建设需求的人才。

首先,打破单一的传统学科培育模式,推进交叉学科人才的培养。对于法学本科教育而言,应在本科法学人才培养计划中适度增加计算机科学、社会学、统计学、控制科学等学科的课程,使本科毕业生具备基本的大数据、"互联网+"和人工智能基础知识,能够理解和开展简单的因果分析。对于法学(律)硕士的培养,可以考虑增设互联网法学作为二级学科。报考该学科的学生不仅要将区块链、人工智能、大数据、数据保护作为法学研究的题目,也要具备一定的运用计算机等相关学科研究方法的能力。要鼓励计算机、控制、统计等相关学科的本科毕业生报考法学院的互联网法学方向的硕士项目。[①]

① 目前,清华大学、浙江大学在法律硕士培养方面已创设计算机法学或者互联网法学方向。

此外同样重要的是博士培养,可以考虑同计算机专业、控制专业等相关专业共同培养跨学科的博士。法院、科技公司和高校等建设智慧法院的主要主体,不仅是交叉学科博士培养的实践基地,也是将来此类高端人才发挥才智的热土。

其次,在人才培养的内容上,应注重教学内容上人与计算机的科学合理的互动,推动人类语言同机器语言的融合。例如,可以考虑将法律文本与裁判文书的标注工作贯穿于教育教学、裁判和技术研发的各个阶段,使各类主体在从事法律工作(如学习各类法学专业课程、裁判各类案件、开发司法人工智能应用)的同时,参与到文本标注的工作中去。文本标注将成为法学研究和实务工作的副产品,这将极大地推动司法大数据结构化程度的提高,有助于人工智能应用的不断迭代更新。有条件的国内高校,如浙江大学光华法学院目前正在开展模拟仿真课程的试点工作,拟通过模拟法庭课程的形式,将学生培养与智慧法院建设结合起来。

最后,注重司法工作人员和司法人工智能研发人员的跨学科培训。应重视司法工作人员的信息化、智能化知识培训,增强他们理解、运用大数据、区块链、人工智能等前沿应用的能力,同时使他们适应诉讼数据化、智能化的大趋势。应注重培养精通审判工作又精通智能应用研发的复合型人才,使他们实质参与到司法人工智能的开发过程中去,避免科技公司在算法开发方面形成技术垄断。[①] 鉴于科技研发人员已成为智慧法院诉讼平台建设的不可或缺的重要力量,应注重对研发人员进行法律与伦理知识的培训,确保研发过

① 关于技术中立问题,参见桑本谦:《网络色情、技术中立与国家竞争力——快播案背后的政治经济学》,载《法学》2017 年第 1 期,第 79 ~ 84 页;郑玉双:《破解技术中立难题——法律与科技之关系的法理学再思》,载《华东政法大学学报》2018 年第 1 期,第 87 ~ 89 页。

程在法律与伦理允许的范围内进行。

二、智慧法院诉讼规则的改革进路

从技术与制度碰撞的角度来看，智慧法院的发展历程就是平台与智能应用深度介入诉讼过程的历程。智慧法院诉讼平台的不断完善意味着平台本身的智能化程度不断提升。因此探讨智慧法院诉讼规则的变革必须要明确司法人工智能在未来诉讼中的地位。此外，在现有法制框架下探索智慧法院诉讼规则的构建是一项颇为考验立法与政治智慧的工作。为此，在诉讼规则构建方面，我们提出"两步走"的改革建议。

（一）明确司法人工智能在诉讼中的地位

1. 司法人工智能的法律地位尚不清晰

人工智能在法院诉讼与管理流程中居于怎样的地位，承担怎样的功能是智慧法院建设需要解决的首要问题。实际上关于智能系统替代法官审判决策的问题早在20世纪70年代的美国法学界就有过严肃的探讨。[①] 此后，电脑作为法律论证的主体成为美国计算机与法学交叉学科研究的重要领域。[②] 随着第三波人工智能浪潮的到来，人工智能在司法裁判中的功能定位问题再度成为理论界与实务界探讨的重点和难点问题。不仅应该在理念层面探讨该问题，还应该通过立法将其固定下来，从而作为指导智慧法院建设的原则。

当前智慧法院诉讼平台建设已全面展开，进展迅速。尽管法

---

① See Anthony D'Amato, *Can/should Computers Replace Judges?*, Georgia Law Review, 1977, p. 1277 - 1301.

② See *Artificial Intelligence and Law: Stepping Stones to a Model of Legal Reasoning*, Yale Law Journal, 1990, p. 1957 - 1980; J. C. Smith, *Machine Intelligence and Legal Reasoning*, Chicago-Kent Law Review, 1997, p. 277 - 347.

院、科技企业等主体都积极参与到了司法人工智能的开发中,但改革者和开发者对于司法人工智能发展目标和限度的认识还不清晰,尚处于探索的状态。西方法学界也较为关注信息化技术替代传统法律主体的可能性问题,甚至有学者提出终结法律从业者的命题。[①]实际上,美国的好莱坞电影不乏讨论机器人在人类社会的地位的佳作,例如,1999 年上映的美国电影《机器管家》就讲述了机器人安德鲁作为智能管家和主人马丁一家人一同生活,后来与马丁的后代相爱,最终其作为人的身份被社会所认可的故事。目前,对司法人工智能的定位不清晰在官方的相关文件、项目中有所体现。例如,最高人民法院于 2017 年颁布的《关于加快建设智慧法院的意见》中更多的是关于深化法院诉讼平台建设的要求。尽管该意见多处提及智能和智能化,但对于人工智能在司法中应扮演怎样的角色语焉不详。该意见提出人工智能技术将用于辅助法官办案,这显然是一项近期的目标。该意见的基本精神仍然在于积极鼓励司法人工智能的开发和应用,对于开放和应用的深度和广度并未进行任何的限制。这一鼓励开发的态度也体现在官方主导的司法人工智能研发项目上。司法部于 2018 年启动的围绕智慧司法的国家重点研发计划进一步提出提升法院运行的智能化。其中的研究任务,如"高质高效的审判支撑关键技术及装备研究""热点案件和民生案件审判智能辅助技术研究"等都指向提升诉讼环节机器参与的程度,这也意味着自然人法官的参与度必然会相应减少。地方法院对于建设智慧法院的探索更为积极,部分地方法院甚至探索由智能系统承担全流程审判任务的研究。2018 年浙江省高级人民法院同浙江

① See Richard Susskind, *The End of Lawyers? Rethinking the Nature of Legal Services*, Oxford University Press, 2010, p. 41 – 50.

大学、阿里巴巴达摩院合作研发全自动在线审判系统，已实现了个别案由的案件在实验室环境下从立案到裁判文书生成的全流程智能审理。

与研发领域的开放相比，我国法学界对司法人工智能的深度运用持较为谨慎的态度。目前已有不少学术成果讨论人工智能在司法领域运用的限度问题。当前法学界的探讨大致有三类主要观点。

第一类观点是不承认人工智能独立的法律地位。相当部分学者认为人工智能在审判中的角色应是辅助法官，而非替代法官来独立行使裁判权。该观点认为，至少在现阶段，法官的审判工作无法被人工智能所替代，这是因为目前的人工智能技术距离支撑司法的全自动运行还有很大差距。因此不少谨慎的学者认为目前司法人工智能研发的当务之急在于推进诉讼部分重要环节的自动化处理，将法官和书记员从繁重的重复性劳动和琐碎的事务性工作中解放出来。[①]

部分学者更进一步认为机器和人的区别具有绝对性，该区别不会因人工智能的发展而改变。这类观点否定了人工智能替代自然人法官的可能性。支持该观念的主要理由在于人工智能无法完全取代法官的自由心证。[②] 案件的审理并不是从事实到案件再到结论的逻辑判断，而是需要在事实和法律之间反复考量人际关系、人性和感情等因素。法官不仅需要尽可能地还原案件事实，深刻理解法律条文，还必须精通法理和熟谙常识。法官的自由心证是复杂的心理活动，即便人工智能发展到很高的水平，也很难做出公正合理的

---

① 参见何帆：《我们离“阿尔法法官”还有多远？》，载《浙江人大》2017 年第 5 期，第 47 页。

② 参见盛学军、邹越：《智能机器人法官：还有多少可能和不可能》，载《现代法学》2018 年第 4 期，第 79～80 页。

个案判断。[①] 此外,人工智能过度介入裁判过程还将消解司法的价值。这是因为人工智能主导的裁判将不再经历两造辩论和充分审议,导致法官的权威下降,裁判主体多元化和模糊化,司法问责制流于形式。[②] 一旦算法成为决定案件结果的唯一变量,那么整个审判系统将被解构,法庭辩论、两审终审制、再审制度的价值将遭到弱化,司法的权威性、审判的程序正当原则、亲历性和仪式化等制度价值都将遭到减损。[③]

第二类观点是承认人工智能独立的法律地位,但认为对该独立性应该有所限制。部分学者提出随着科技的发展,人工智能已不能被简单地认定为法律的客体,即物;而是应有条件地将其视为法律上的主体,即人。随着社会生活的日益多元化,基于社会交往的需要,法人、组织等实体陆续取得了法律上的"人"的资格,能够享有权利并承担相应的义务。[④] 赋予人工智能拟制的法律主体资格,承认其具有智慧性和独立作出意思表示的能力,不仅具有现实的可行性,也符合社会发展的趋势。既然人工智能是法律拟制的人,那么其就具有一定的责任承担能力。换言之,作为拟人化的特殊法律主体的人工智能能够独立自主地开展审判工作,并承担民事上的法律后果。对于非民事的法律后果,则可以由高智能的实际控制人或者

---

① 参见季卫东:《人工智能时代的司法权之变》,载《东方法学》2018 年第 1 期,第 131 ~ 132 页。

② 参见季卫东:《人工智能时代的司法权之变》,载《东方法学》2018 年第 1 期,第 131 ~ 132 页。

③ 参见潘庸鲁:《人工智能介入司法领域路径分析》,载《东方法学》2018 年第 3 期,第 114 ~ 117 页。

④ 参见张玉洁:《论人工智能时代的机器人权利及其风险规制》,载《东方法学》2017 年第 6 期,第 56 ~ 60 页。

责任人来承担。[①]

第三类观点是承认人工智能独立的法律地位，并认为人类应该坦然面对不可逆转的时代巨变。有法理学者指出当前关于人工智能与法学的学术讨论都是基于人类中心主义的法学观之上的讨论，即讨论如何利用现有的管控方式去规制人工智能，使其被纳入现行人类制度的规制空间中去，从而符合人类的制度目标，为人类的需要服务。此类思考进路的局限性在于未能认识到人工智能的发展具有不可逆性，也许短期内会受到法律制度的限制，但是长远来看人工智能改造人类传统制度的能动性更大，甚至将吞噬人类社会所赖以运转的传统制度。在弱人工智能阶段，人类社会的主要矛盾集中在人与人的关系问题上，人工智能破解人类独特的“创造性与情感”将只是时间问题。在强人工智能阶段，人—人工智能—人的三角关系则成为主要矛盾。[②] 技术的崛起将消解由国家垄断的公权力，体现为权力的非国家化、私主体化、扁平化，包括司法在内的国家决策体系的多中心或者无中心的趋势将日益显著。[③]

当强人工智能兴起并不以人类的意志为转移时，那种认为可以依靠制度安排限制技术应用的观点都是过度自信的表现。也许短短两三千年的人类中心主义的历史仅是例外，未来即将开始的非人类中心主义才是世界运行的常态。在超级人工智能看来，传统人类社会的制度体系也不过是初级且拙劣的代码而已。因此，无论是司

---

① 参见袁曾：《人工智能有限法律人格审视》，载《东方法学》2017 年第 5 期，第 53 ~ 55 页。

② 参见齐延平：《论人工智能时代法律场景的变迁》，载《法律科学（西北政法大学学报）》2018 年第 4 期，第 38 ~ 39 页。

③ 参见齐延平：《论人工智能时代法律场景的变迁》，载《法律科学（西北政法大学学报）》2018 年第 4 期，第 38 ~ 39 页。

法人工智能的开发还是任何其他领域的智能化发展，如果仍然以人的尺度和眼界来看待，将无法科学地认识事物的发展趋势，也不能正确地指导人类社会的发展。未来更为可取的改革视角应是超越人类中心主义，以更为平等的视角来接纳人工智能的发展，通过积极地调整传统的制度体系，实现人类与智能实体的共同发展。① 显然，第三种观点较为悲观，更多的是对未来的预测，但该观点描绘的未来图景值得引起重视并积极应对。应该承认上述的我国法学界关于司法人工智能法律定位的三个基本观点都具有一定的合理性，三者之间并不存在绝对的对立，而是或多或少地反映了人工智能与人类互动的两个阶段。

2."两步走"的改革建议

司法人工智能的法律定位问题在本质上是关于人工智能在多大程度上介入司法的问题。在智慧法院诉讼平台建设迅猛推进的大背景下，探讨司法人工智能的法律定位具有很强的现实意义。运用司法人工智能的主要目的之一是减轻法官的工作压力，因此司法人工智能与法官在从事审理工作方面是此消彼长的关系。人工智能介入诉讼的广度和深度多了，相应地，法官对案件审理的把控就弱了。在目前全流程网络化、全方位智能服务建设的改革目标下，不免使人产生技术侵蚀司法的担忧。毕竟如果不是由法官亲自处理诉讼的绝大部分流程，那么即便法官仍然保有最后的裁判权，也可能仅仅是对算法运作过程的确认。正是因为此忧虑，才产生了界定人工智能介入司法的范围和深度的必要性。从渐进的角度考虑，应将司法人工智能的应用分为两个阶段。

首先，在人工智能发展现状和现行制度框架下，智慧法院诉讼

---

① 参见高全喜：《虚拟世界的法律化问题》，载《现代法学》2019 年第 1 期，第 70～73 页。

平台应辅助法官审理案件,而非取代法官的主体地位。[①] 尽管人工智能应用场景越来越丰富,但法院的裁判仍然是当前人工智能应用的不活跃领域。目前,司法人工智能未能在主要的审判环节发挥替代法官的实质性作用。[②] 主要原因在于当前的弱人工智能技术还无法满足法院裁判工作的需要。无论是司法大数据库的建设还是机器深度学习的发展现状都远不能实现自然人法官的裁判质效。意图借助当前的技术开发独立的裁判系统,就如同让 8 岁的儿童来担任主审法官。值得注意的是,至少在较长的一段时间内,人工智能模仿、复制人类思考和情感的能力尚未实现突破。如此,自由心证将成为自然人法官无法完全被人工智能替代的核心竞争力。

在弱人工智能阶段,人工智能法官无法推动人类法律体系的动态调整。如果现阶段将改革的期望过多地转移到司法人工智能上,可能会导致以自然人法官为核心的传统改革的降速甚至停滞。如果过多地以人工智能来裁判案件,将导致传统的法官的造法能力弱化,进而使得法院改造法律体系的能力降低,人类法律体系发展的动力之源就将逐渐枯竭。此外,经过长期演化的现代司法制度以自然人法官为制度构建的基石,人工智能逐步替代法官的实践将同现行司法制度产生越来越大的紧张关系。如果司法人工智能的发展脱离了现有技术的客观限制并突破现有制度安排,不仅不利于技术本身的发展,也将对经济社会带来负面影响。因此,当前将人工智能定位为辅助自然人法官审理案件的工具的观点具有现实的合理性和可操作性。

---

① 参见罗维鹏:《人工智能裁判的问题归纳与前瞻》,载《国家检察官学院学报》2018 年第 5 期,第 17 ~ 22 页。

② 参见左卫民:《AI 法官的时代会到来吗——基于中外司法人工智能的对比与展望》,载《政法论坛》2021 年第 5 期,第 6 ~ 10 页。

其次,随着人工智能同司法的深度融合,不排除将司法人工智能拟定为具有相对独立性的审判主体的可能性。未来自然人法官的审判能力将不会发生太大的变化,与之形成对比的是司法人工智能的突飞猛进。司法人工智能的持续快速发展意味着将相应地弱化自然人法官的作用和其在诉讼流程中的存在感。在此大趋势下,赋予司法人工智能司法裁判主体资格的必要性开始凸显。此项资格的赋予须具备三项基本条件。

一是司法人工智能在诉讼中的作用及独立性越来越强。司法人工智能将在立案、庭审、送达等诉讼环节取得主导地位,进而实现简单案件的全流程智能审判。法官、民众对司法人工智能的认同将逐步加强。① 当司法人工智能能够部分或者完全地替代适格法官从事审判工作时,就不得不考虑司法人工智能的法律地位问题了。

二是机器深度学习技术的应用产生的不确定性需要拟制出新的独立实体来承担相应责任。未来在"大数据、大模型和大计算"支撑下的机器深度学习通过自动调节参数、迁移学习、无监督学习等方式生成有价值的信息和算法。这类司法人工智能的运作模式和产出具有高度不确定性,甚至连开发者也无法对其进行预测和有效解释。在此背景下,需要构建适宜的司法人工智能归责机制。届时,司法智能机器的责任将成为审判责任的重要类别。②

三是现代社会对于法律拟制制度的接受度得到提升。当前人类社会已拟制出诸如国家、法人、其他组织等多类具有独立权利义务的自主性实体。当司法人工智能独立于开发者和自然人法官而

---

① 关于司法认同的概念与形成条件,参见吴英姿:《论司法认同:危机与重建》,载《中国法学》2016 年第 3 期,第 186 ~ 189 页。

② 参见周尚君、伍茜:《人工智能司法决策的可能与限度》,载《华东政法大学学报》2019 年第 1 期,第 61 ~ 63 页。

自主运行时,就有必要通过法律拟制将其同自然人法官等同视之,从而使二者的裁判行为产生相同的法律效果。当然在开发司法人工智能系统时,应尤其注重司法决策模型的伦理导向,应嵌入安全、健康、正义、平等、自主等人类基本价值,实现人机关系的良好互动。

综上所述,在当前人工智能技术尚孱弱的情形下,谈论强人工智能背景下的诉讼改革似乎为时尚早。但是应注意的是,人工智能的独立裁判不仅仅取决于技术的突破,也是制度的产物。如果人工智能的独立裁判是智慧法院建设所面临的终极命题,那么理论的探讨也应该尽早启动。本书无法给出具体的时间表,但是我们也不应站在当前的技术条件下去轻易地否定未来的可能性。历史表明,科技的发展往往突破了人类的想象,人工智能独立裁判的技术或许在不久的未来会逐渐成熟,届时制度的保障与约束也应及时到位。

(二)构建与诉讼平台建设相适应的诉讼规则

本书前文的讨论指出智慧法院诉讼平台的建设,尤其是全流程线上诉讼以及相关阶段智能系统的应用与现行的诉讼规则产生了越来越大的紧张关系。结合智慧法院网上诉讼平台的发展前景,构建与之相适应的诉讼规则已经成为越来越具有现实意义的命题。诉讼规则的构建是一项司法领域长期的改革工程,需要将顶层设计和具体规则构建结合起来。从实现智慧法院建设目标和考虑现实可行性的角度,此项改革可以考虑构建以下基本原则与规则。

一是确立渐进式推进的原则。无论是在现行的诉讼法体系中融入与诉讼平台和智能应用相适应的规则,还是另起炉灶构建专门的诉讼规则都应当采取循序渐进推进的原则。该原则包含三项要求:(1)方法上,应当通过诉讼立法固定经过试点实践确定的成熟做法和有益经验,对于不成熟的新规则应当在立法时持谨慎的态度;(2)内容上,应当避免以“一刀切”或者毕其功于一役的方式开展诉讼规则的改革,而是尽量采取渐进的方式,以推进各阶段诉讼流程为目标,逐步地开展平台化、智能化规则的构建;(3)应当能够较为灵活地调整相关诉讼规则,当通过实践检验或者立法后评估显示新规则无法实现立法目标时,应当能够及时予以调整。采用渐进式的原则符合当前司法改革与信息通讯技术融合的规律。

当前数字化改革处于关键推进的时期,应当使诉讼规则的变革与国民经济数字化改革实现同频共振。诉讼规则改革滞后于数字化改革或者过于超前于数字化改革都不利于专门诉讼规则的构建。诉讼规则的构建是一项创新性改革,由于缺乏足够的经验,改革需要摸着石头过河,规则构建失败的可能性较高。因此坚持渐进发展的原则能够尽可能地降低立法的风险,能够适时地根据规则实践的效果对规则本身进行调整。在具体规则构建上,应当落实渐进式推进的原则,找到一种既能有效推进诉讼规则变革,又能在最大限度上维护诉讼制度稳定性的立法模式。应当通过国家法律、司法解释以及各级高级人民法院的规范性文件统筹推进的方式,将新型诉讼规则落实到诉讼实践中。具体而言,国家法律层面上的三大诉讼法应当为司法机关探索新型线上和智能化诉讼规则进行松绑,在保障传统诉讼权利和程序权利的基础上,为法院探索新型诉讼规则提供更为宽阔的制度试验空间。最高人民法院及各高级人民法院应当是探索诉讼规则变革的先行者,其可以根据实际情况就特定的诉讼流程制定实施性细则。

二是确立保障当事人诉权和程序选择权的原则。任何司法改革都必须坚持在司法正义上提供持续增量。构建与平台化、智能化相适应的诉讼规则也必须让人民群众在诉讼过程中切实感受到更多的司法正义。因此,诉讼规则的改革应当是增量的,而不是非此即彼的规则更新或者替代。具体而言,应当扩展当事人的诉权和程序选择权,在一定程度上将司法价值的平衡与选择交由当事人决定。当事人既可以选择高效便捷的依托诉讼平台的全流程线上智能审理模式,也可以选择传统的亲历性强的诉讼模式。

以保障上述两项基本权利为导向,具体的制度构建应当从以下两个方向展开。首先,不得移除传统诉讼规则赋予当事人的诉权,包括听审权和诉讼参与权。在平台化和智能化变革的当代,旧的生产生活模式尚未完全退出历史舞台,新的模式也尚未完全覆盖社会共同体的所有成员。因此,诉讼规则的改革在逐步推进给越来越多的人带来便利的同时,也不应给其他人带来负面的影响。以网上立案为例,不少地方法院已开通了网上立案系统,其通过诉讼平台接受相关立案。越来越多的当事人及律师也对此项改革表示接受和欢迎,但是仍然有部分当事人不适应网上立案的模式。个别地方法院要求除了案情复杂和需要诉前保全的案件外,其他案件一律在网上立案。这一做法实际上就在推进网上立案的同时减损了传统模式下的诉权。① 其次,尊重和扩展当事人的诉权与程序选择权。在诉权保障方面,现阶段可以考虑优化互联网法院管辖规则,扩大某些案件量较多的法院跨区域管辖的范围。同时建议扩展互联网法院的受案范围,将适合人工智能类型化审理的案件以及服务于平台经济和数字中国的案件也纳入管辖的范围中来。诉讼平台的建设可被视为提供了另一种诉讼程序。应允许当事人自主选择新的诉讼规则来解决争议,这本身就是智慧法院获得正当性的重要来源。在提供多种类型的诉讼规则的情况下,不同诉讼规则之间形成了竞争关系,有利于推进这些诉讼规则的完善。保障程序选择权还意味着在一定条件下保障当事人在诉讼过程中申请程序转换的

---

① 以上信息来自2020年8月研究团队针对浙江若干基层法院的调研。

权利。

三是确立提升司法透明性的原则。技术本身具有中立性,信息通讯技术在司法中的广泛应用可以提高司法透明度,如开通裁判文书网,但也存在算法黑箱等阻碍司法透明度提升的技术应用。尽管技术是中立的,但是诉讼规则本身应当体现司法公正与透明的价值取向。提升司法透明度不仅是司法公正的内在要求,也是实现公民知情权和监督权的基础。在传统的庭审公开和结案文书公开的基础上,应当利用诉讼平台大数据的优势,尽可能地实现诉讼过程和诉讼结果的公开。通过提升司法透明度,不仅可以满足公众对于司法信息公开的需求,还可以提升对新型诉讼模式与诉讼规则的接受度,降低不信任感,推进智慧法院诉讼平台建设和诉讼规则的构建。在具体规则构建方面,建议提升庭审直播的规范性和全面性,除了涉及个人隐私、国家秘密和公司秘密的案件外,全流程线上审理的案件应当通过统一诉讼平台进行直播。同时,应当构建和完善在线直播规则与旁听规则,实现司法信息公开与数据安全保障的平衡。

(三)探索诉讼制度改革的启动路径

改革诉讼规则是智慧法院诉讼平台建设的关键环节之一。对现行的规制线下诉讼场景的模式与相关规则如果不能及时、充分地进行变革,将极大地限制前沿信息技术与司法的深度融合。目前的改革困境在于智慧法院的初步建设尽管产生了诉讼规则改革的需求,但是却并未凝练出成熟、完整的智能化诉讼原理与规则,因而很难启动诉讼法律规范的调整。因此,智慧法院建设摆脱制度束缚的关键在于找到一种既能满足诉讼规则改革,又能有效维护国家司法制度统一的机制。

当前可供互联网法院解除制度束缚和启动诉讼制度改革的路

径应是全国人大常委会授权进行改革试点。自2012年年底以来，授权改革试点在我国得到了更为广泛的运用。[①] 自2016年起，“改革试点授权”成为全国人大常委会年度立法工作计划的常设项目，这表明“试点授权”已成为同“立”“改”“废”“释”并列的立法活动。[②] 授权改革试点虽然在短期内会给国家法制带来一定的冲击，但是却可以起到培育社会氛围、积累立法经验、试错等作用。结束实验期以后，新法得以制定或者旧法得以改造。这样的立法路径有助于加快公众适应新法的速度，降低制度创新对现行法律体系的冲击。从这一视角来看，授权改革试点不仅不会冲垮现有的法秩序，反而可以起到维护国家法律体系稳定的作用，实现法律体系与社会发展的动态平衡。[③]

授权改革试点是使改革“于法有据”的可行方案，这一方案自身的合法性问题也值得进行探讨。授权改革试点这一立法形式尚未被《立法法》明确列为立法类型之一。尽管如此，这一新兴立法形式

---

① 据统计，自2012年12月至今，全国人大常委会共作出17项关于地方改革试点的授权决定。这些授权决定中，有代表性的是2013年8月通过的《全国人民代表大会常务委员会关于授权国务院在中国（上海）自由贸易试验区暂时调整有关法律规定的行政审批的决定》（已失效）。根据该决定，在试验区内暂时调整《外资企业法》、《中外合资经营企业法》和《中外合作经营企业法》规定的有关行政审批。2014年6月通过的《全国人民代表大会常务委员会关于授权最高人民法院、最高人民检察院在部分地区开展刑事案件速裁程序试点工作的决定》则授权最高人民法院、最高人民检察院在不违背《刑法》《刑事诉讼法》基本原则的基础上，制定相关试点办法。

② 参见《全国人大常委会2016年立法工作计划》，载全国人民代表大会网，http://www.npc.gov.cn/npc/xinwen/lfgz/lfdt/2016-04/22/content_1987519.htm。

③ 美国法理学家罗斯科·庞德（Roscoe Pound）对法律的动态稳定有过经典的总结。他在1923年出版的《法律史解释》（Interpretations of Legal History）中写道：“法律必须保持稳定，但不能是一成不变的。”See Roscoe Pound, *Interpretation of Legal History* 1, Cambridge University Press, 1923, p. 21 – 25.

可被视作全国人大常委会附条件地修改现行国家法律,而其他主体制定相应试点办法应被视为对常委会试点决定中规定的原则和具体要求的细化。鉴于授权改革试点已成为全国人大常委会的常规立法活动,那么其覆盖的事项范围也应以常委会的立法范围为限。具体而言,根据宪法的有关规定,授权改革试点不得涉及宪法修改和基本法律原则的事项。从已出台的17项授权改革试点来看,授权的范围集中在行政管理和审批、司法改革和国家机构改革等事项上。授权改革试点决定具有较高的法律效力,与国务院授权制定行政法规存在显著的不同。后者是"一揽子"授权进行创设性立法,其法律保留事项的范围更广。

具体的试点单位可以考虑选择杭州、广州和北京互联网法院。互联网法院应走授权改革试点之路的必要性在于:此类法院是司法信息化改革的重要成果,也是智慧法院建设的重要载体,其试点意义十分重大。仅仅依靠普通的政策形式的试点改革,三家互联网法院无法突破现行的以国家法律的形式固定的诉讼规则。破解这一制度改革的"瓶颈"问题必须依靠授权改革试点才能实现。从这一角度来看,如果将设立互联网法院作为授权试点改革的话,那么此项改革在试点之初所获得的授权并不完整,缺乏最为关键的暂时调整国家法律的内容。

从授权主体的角度来看,全国人大常委会作出授权改革试点决定有利于提升智慧法院的法治基础。近10年来,随着国家对改革"于法有据"的重视,全国人大及其常委会在依法授权改革以及改革效果评估等方面发挥着越来越重要的作用。这一趋势显示出重大改革必须要在民主、法治的原则基础上推进,这也在客观上增强了全国人大及其常委会作为最高国家权力机关的地位。杭州等地的互联网法院的设立并未经过全国人大常委会的批准,而是由最高人民法院单独决定。如果全国人大常委会以试点授权决定的形式允许杭州互联网法院探索涉网诉讼规则，将有利于提升智慧法院建设的民主基础和合法性基础。

第八章 结 语

2010 年英国学者理查德·萨斯坎德在深入考察信息技术对英国普通法院的改造后,得出了法律共同体将终结的结论。[①] 法律共同体衰落的趋势在大西洋彼岸的美国也似乎得到了印证。谈论法律共同体的终结可能还为时尚早,且前沿科技对法院的改造只是表象。究其根本,我们应该承认两项不可避免的大趋势。其一,科技的进步不断重塑人类社会的面貌。人类社会发生颠覆性变革的时间间隔越来越短。我们笃信未来的世界将发生巨大变革,但无法预知未来社会生活的样貌。自从 20 万年前学会打造石器和利用火后,人类再也无法抗拒工具(新科技)的利用所带来的生活上的便利,当代更是如此。其二,人类也不会停止对公平与正义的追求。近代以来,随着民主化浪潮席卷全球,正义的内涵与边界也得到了极大的拓展。智慧法院就是顺应以上两项历史趋势的产物。实践证明改革开放以来,法律共同体积极拥抱前沿科技,而智慧法院建设所要终结的仅仅是传统法院。

本书指出我国以人工智能为代表的新一代信息技术与司法的融合效果已初步显露,未来将加速变革。我国的智慧法院诉讼平台

① See Susskind Richard, *The End of Lawyers? Rethinking the Nature of Legal Service*, Oxford University Press, 2010, p. 14 – 18.

建设无论是从政策支持上看还是从实践推进力度来看都在世界范围内处于领先的位置,该项建设具有法治层面的重大意义。尽管法治建设几乎已成为世界各国普遍的共识,但是西方国家的实践有其特殊的历史背景与社会环境,并不能被完全复制,当代的发展中国家的法治建设必须找到新路径。我国数字政府与智慧法院齐头并进的世界意义在于,将结合前沿信息技术探索在发展中国家建设新型法治(依法行政与科技司法)的新路径。

本书并无全面建构智慧法院诉讼平台的未来图景的计划,而是意图在深度剖析应然目标与实践进展的基础上,提炼出当前智慧法院诉讼平台建设的主要障碍,最后给出排除障碍的建议,为该项重大司法改革的顺利推进建言献策。目前,我国智慧法院、数字政府等重大制度改革都处于初步阶段,展望过于长远容易流变为猜想,较为谨慎的研究尽管探讨的时间维度较短,但是却更为实际,因而具有更高的指导效力。可以确定的是,智慧法院诉讼平台建设和诉讼规则的构建无论是在政策支持还是技术运用方面都将持续深化,届时将会引起法学界的更多关注。

参考文献

一、中文文献

(一)中文著作

1.《邓小平文选》(第3卷),人民出版社2001年版。

2. 杜石然等:《洋务运动与中国近代科技》,辽宁教育出版社1991年版。

3. [法]孟德斯鸠:《论法的精神》(上),许明龙译,商务印书馆2017年版。

4. 中国社会科学院法学研究所、国家法治指数研究中心、法治指数创新工程项目组:《中国法院信息化第三方评估报告》,中国社会科学出版社2016年版。

5. 胡守仁编著:《计算机技术发展史》(二),国防科技大学出版社2006年版。

6. 李开复、王咏刚:《人工智能》,文化发展出版社2017年版。

7.《孟子》,上海古籍出版社2016年版。

8. [美]罗尔斯:《正义论》,何怀宏等译,中国社会科学出版社1988年版。

9. [美]E. 博登海默:《法理学——法哲学及其方法》,邓正来、姬敬武译,华夏出版社1987年版。

10. [美]哈罗德·J. 伯尔曼:《法律与宗教》,梁治平译,中国政法大学出版社2003年版。

11. [美]吉姆·卡尔顿:《苹果公司兴衰内幕》,朱贵冬等译,新华出版社1999年版。

12. 沈宗灵主编:《法理学》,高等教育出版社1994年版。

13. (清)薛福成:《庸盦笔记》,重庆出版社1999年版。

14. 李约瑟:《中国科学技术史》(第1卷),科学出版社、上海古籍出版社1990年版。

15. [英]沃克编辑:《牛津法律大辞典》,北京社会与科技发展研究所译,光明日报出版社1988年版。

16. 傅郁林、[荷]兰姆寇·凡瑞主编:《中欧民事审判管理比较研究》,法律出版社2015年版。

17. 郑世保:《民事诉讼行为研究》,法律出版社2016年版。

18. 中国社会科学院国家法治指数研究中心、中国社会科学院法学研究所法治指数创新工程项目组:《人民法院信息化3.0版建设应用评估报告——以山东法院为视角》,中国社会科学出版社2017年版。

19. 周建波:《洋务运动与中国早期现代化思想》,山东人民出版社2001年版。

20. 最高人民法院:《中国法院的司法改革》,人民法院出版社2016年版。

(二)中文论文

1. 安晨曦:《电子诉讼形塑的中国策略》,载《湖北社会科学》2017年第8期。

2. 白建军:《基于法官集体经验的量刑预测研究》,载《法学研究》2016年第6期。

3. 北京互联网法院课题组:《“互联网+”背景下电子送达制度的重构——立足互联网法院电子送达的最新实践》,载《法律适用》2019年第23期。

4. 陈景辉:《同案同判:法律义务还是道德要求》,载《中国法学》2013年第3期。

5. 陈欧飞:《网上法庭的建设与发展》,载《人民司法(应用)》2016年第13期。

6. 崔亚东:《司法科技梦:上海刑事案件智能辅助办案系统的实践与思考》,载《人民法治》2018年第18期。

7. 陈国猛:《互联网时代资讯科技的应用与司法流程再造——以浙江省法院的实践为例》,载《法律适用》2017年第21期。

8. 陈卫东:《司法机关依法独立行使职权研究》,载《中国法学》2014年第2期。

9. 陈瑞华:《程序正义论——从刑事审判角度的分析》,载《中外法学》1997年第2期。

10. 陈琨:《类案推送嵌入“智慧法院”办案场景的原理和路径》,载《中国应用法学》2018年第4期。

11. 陈国猛:《互联网时代资讯科技的应用与司法流程再造——以浙江省法院的实践为例》,载《法律适用》2017年第21期。

12. 陈增宝:《构建网络法治时代的司法新形态——以杭州互联网法院为样本的分析》,载《中国法律评论》2018年第2期。

13. 程金华:《人工、智能与法院大转型》,载《上海交通大学学报(哲学社会科学版)》2019年第6期。

14. 丁晓东:《论算法的法律规制》,载《中国社会科学》2020年第12期。

15. 邓子滨:《诉讼模式如何影响审判结果》,载《读书》2019年第 6 期。

16. 段厚省:《远程审判的双重张力》,载《东方法学》2019 年第 4 期。

17. 龚祥瑞、李克强:《法律工作的计算机化》,载《法学杂志》1983 年第 3 期。

18. 高全喜:《虚拟世界的法律化问题》,载《现代法学》2019 年第 1 期。

19. 高翔:《人工智能民事司法应用的法律知识图谱构建——以要件事实型民事裁判论为基础》,载《法制与社会发展》2018 年第 6 期。

20. 葛翔:《司法实践中人工智能运用的现实与前瞻——以上海法院行政案件智能辅助办案系统为参照》,载《华东政法大学学报》2018 年第 5 期。

21. 侯猛:《互联网技术对司法的影响——以杭州互联网法院为分析样本》,载《法律适用》2018 年第 1 期。

22. 侯猛:《最高人民法院的功能定位——以其规制经济的司法过程切入》,载《清华法学》2006 年第 1 期。

23. 侯猛:《最高法院规制经济的功能——再评“中福实业公司担保案”》,载《法学》2004 年第 12 期。

24. 侯学宾:《我国电子诉讼的实践发展与立法应对》,载《当代法学》2016 年第 5 期。

25. 霍政欣:《论全球治理体系中的国内法院》,载《中国法学》2018 年第 3 期。

26. 何帆:《我们离“阿尔法法官”还有多远?》,载《浙江人大》2017 年第 5 期。

27. 郝铁川:《论良性违宪》,载《法学研究》1996 年第 4 期。

28. 季卫东:《人工智能时代的司法权之变》,载《东方法学》2018年第1期。

29. 季卫东:《电脑量刑辩证观》,载《政法论坛》2007年第1期。

30. 季卫东:《人工智能时代的法律议论》,载《法学研究》2019年第6期。

31. 姜峰:《法院"案多人少"与国家治道变革——转型时期中国的政治与司法忧思》,载《政法论坛》2015年第2期。

32. 江必新:《司法审判保障"十三五"规划实现的重点、盲点与亮点——兼论人民法院司法审判工作如何为经济社会发展做好司法服务和法治保障》,载《法律适用》2016年第5期。

33. 季金华:《本质与价值:裁判请求权的制度化原则》,载《法学论坛》2008年第5期。

34. 刘敏:《论裁判请求权——民事诉讼的宪法理念》,载《中国法学》2002年第6期。

35. 刘树德:《刑事司法语境下的"同案同判"》,载《中国法学》2011年第1期。

36. 刘敏:《论司法公开的扩张与限制》,载《法学评论》2001年第5期。

37. 刘敏:《电子诉讼潮流与我国民事诉讼法的应对》,载《当代法学》2016年第5期。

38. 刘权:《论网络平台的数据报送义务》,载《当代法学》2019年第5期。

39. 刘忠:《规模与内部治理——中国法院编制变迁三十年(1978—2008)》,载《法制与社会发展》2012年第5期。

40. 卢建平:《裁判文书公开的是与非》,载《中国法律评论》2016年第1期。

41. 龙卫球:《人工智能立法的“技术—社会 + 经济”范式——基于引领法律与科技新型关系的视角》,载《武汉大学学报(哲学社会科学版)》2020 年第 1 期。

42. 罗东川、黄斌:《我国司法效率改革的实践探索 立足于当前人民法院“案多人少”问题的思考》,载《法律适用》2011 年第 3 期。

43. 芦露:《中国的法院信息化:数据、技术与管理》,载《法律和社会科学》2016 年第 2 期。

44. 罗维鹏:《人工智能裁判的问题归纳与前瞻》,载《国家检察官学院学报》2018 年第 5 期。

45. 李峰:《论视听传输技术作证的规范化——基于民事裁判文书的分析》,载《华东政法大学学报》2018 年第 5 期。

46. 马长山:《智能互联网时代的法律变革》,载《法学研究》2018 年第 4 期。

47. 孟融:《我国法院执行公共政策的机制分析——以法院为“一带一路”建设提供保障的文件为分析对象》,载《政治与法律》2017 年第 3 期。

48. 马超等:《大数据分析:中国司法裁判文书上网公开报告》,载《中国法律评论》2016 年第 4 期。

49. 马靖云:《智慧司法的难题及其破解》,载《华东政法大学学报》2019 年第 4 期。

50. 潘庸鲁:《人工智能介入司法领域路径分析》,载《东方法学》2018 年第 3 期。

51. 彭何利:《中国法院的现代转型:模式选择与体系框架》,载《法学》2016 年第 10 期。

52. 齐延平:《论人工智能时代法律场景的变迁》,载《法律科学(西北政法大学学报)》2018 年第 4 期。

53. 齐延平:《司法权中立的内容构成》,载《法商研究(中南政法学院学报)》1999 年第 4 期。

54. 钱大军:《司法人工智能的中国进程:功能替代与结构强化》,载《法学评论》2018 年第 5 期。

55. 苏力:《法律与科技问题的法理学重构》,载《中国社会科学》1999 年第 5 期。

56. 苏力:《审判管理与社会管理——法院如何有效回应“案多人少”?》,载《中国法学》2010 年第 6 期。

57. 苏宇:《算法规制的谱系》,载《中国法学》2020 年第 3 期。

58. 丁晓东:《论算法的法律规制》,载《中国社会科学》2020 年第 12 期。

59. 宋亚辉:《公共政策如何进入裁判过程——以最高人民法院的司法解释为例》,载《法商研究》2009 年第 6 期。

60. 舒国滢:《从司法的广场化到司法的剧场化——一个符号学的视角》,载《政法论坛》1999 年第 3 期。

61. 四川省高级人民法院、四川大学联合课题组:《中国特色案例指导制度的发展与完善》,载《中国法学》2013 年第 3 期。

62. 宋晓:《判例生成与中国案例指导制度》,载《法学研究》2011 年第 4 期。

63. 宋朝武:《电子司法的实践运用与制度碰撞》,载《中国政法大学学报》2011 年第 6 期。

64. 盛学军、邹越:《智能机器人法官:还有多少可能和不可能》,载《现代法学》2018 年第 4 期。

65. 桑本谦:《网络色情、技术中立与国家竞争力——快播案背后的政治经济学》,载《法学》2017 年第 1 期。

66. 童之伟:《“良性违宪”不宜肯定——对郝铁川同志有关主张

的不同看法》,载《法学研究》1996 年第 6 期。

67. 童之伟:《宪法实施灵活性的底线——再与郝铁川先生商榷》,载《法学》1997 年第 5 期。

68. 吴习彧:《裁判人工智能化的实践需求及其中国式任务》,载《东方法学》2018 年第 2 期。

69. 吴英姿:《论司法认同:危机与重建》,载《中国法学》2016 年第 3 期。

70. 肖建国、庄诗岳:《论互联网法院涉网案件地域管辖规则的构建》,载《法律适用》2018 年第 3 期。

71. 徐骏:《智慧法院的法理审思》,载《法学》2017 年第 3 期。

72. 易军:《诉讼仪式的象征符号》,载《国家检察官学院学报》2008 年第 3 期。

73. 严剑漪:《揭秘“206”:法院未来的人工智能图景——上海刑事案件智能辅助办案系统 164 天研发实录》,载《人民法治》2018 年第 2 期。

74. 杨登峰:《区域改革的法治之路——析上海自贸区先行先试的法治路径》,载《法治研究》2014 年第 12 期。

75. 于志刚、李怀胜:《杭州互联网法院的历史意义、司法责任与时代使命》,载《比较法研究》2018 年第 3 期。

76. 袁曾:《人工智能有限法律人格审视》,载《东方法学》2017 年第 5 期。

77. 尤陈俊:《“案多人少”的应对之道:清代、民国与当代的比较研究》,载《法商研究》2013 年第 3 期。

78. 杨秀清:《互联网法院定位之回归》,载《政法论丛》2019 年第 5 期。

79. 周宏仁:《新中国信息化成就综述》,载《电子政务》2009 年第 10 期。

80. 周宏仁:《中国信息化和电子政务的发展》,载《中国信息界》2010 年 Z1 期。

81. 翟云:《改革开放 40 年来中国电子政务发展的理论演化与实践探索:从业务上网到服务上网》,载《电子政务》2018 年第 12 期。

82. 王福华:《电子法院:由内部到外部的构建》,载《当代法学》2016 年第 5 期。

83. 王福华:《电子诉讼制度构建的法律基础》,载《法学研究》2016 年第 6 期。

84. 周翠:《再论督促程序电子化改革的重点》,载《当代法学》2016 年第 6 期。

85. 周翠:《我国民事司法多元化改革的现状与未来》,载《中国法学》2018 年第 1 期。

86. 周少华:《刑事案件的差异化判决及其合理性》,载《中国法学》2019 年第 4 期。

87. 张千帆:《宪法变通与地方试验》,载《法学研究》2007 年第 1 期。

88. 王建学:《授权地方改革试点决定应遵循比例原则》,载《法学》2017 年第 5 期。

89. 朱孝清:《司法的亲历性》,载《中外法学》2015 年第 4 期。

90. 郑玉双:《破解技术中立难题——法律与科技之关系的法理学再思》,载《华东政法大学学报》2018 年第 1 期。

91. 张凌寒:《算法自动化决策与行政正当程序制度的冲突与调和》,载《东方法学》2020 年第 6 期。

92. 周尚君、伍茜:《人工智能司法决策的可能与限度》,载《华东政法大学学报》2019 年第 1 期。

93. 张骐:《论类似案件应当类似审判》,载《环球法律评论》2014年第3期。

94. 张玉洁:《论人工智能时代的机器人权利及其风险规制》,载《东方法学》2017年第6期。

95. 张海燕:《法院“案多人少”的应对困境及其出路——以民事案件为中心的分析》,载《山东大学学报(哲学社会科学版)》2018年第2期。

96. 左卫民:《信息化与我国司法——基于四川省各级人民法院审判管理创新的解读》,载《清华法学》2011年第4期。

97. 左卫民:《如何通过人工智能实现类案类判》,载《中国法律评论》2018年第2期。

98. 左卫民:《关于法律人工智能在中国运用前景的若干思考》,载《清华法学》2018年第2期。

99. 左卫民:《“诉讼爆炸”的中国应对:基于W区法院近三十年审判实践的实证分析》,载《中国法学》2018年第4期。

100. 左卫民:《热与冷:中国法律人工智能的再思考》,载《环球法律评论》2019年第2期。

101. 左卫民:《AI法官的时代会到来吗——基于中外司法人工智能的对比与展望》,载《政法论坛》2021年第5期。

102. 王禄生:《司法大数据与人工智能开发的技术障碍》,载《中国法律评论》2018年第2期。

103. 曾学原、王竹:《道路交通纠纷要素式审判探索—从四川高院的改革实践出发》,载《中国应用法学》2018年第2期。

104. 崔亚东:《司法科技梦:上海刑事案件智能辅助办案系统的实践与思考》,载《人民法治》2018年第18期。

105. 王琦:《法院网上立案的实践检视及路径研究》,载《法学杂志》2016 年第 11 期。

106. 周翠:《中国民事电子诉讼年度观察报告(2016)》,载《当代法学》2017 年第 4 期。

107. 周强:《大力加强杭州互联网法院建设 探索互联网司法新模式 服务保障网络强国战略》,载《中国应用法学》2017 年第 5 期。

108. 周佑勇:《智能技术驱动下的诉讼服务问题及其应对之策》,载《东方法学》2019 年第 5 期。

二、英文文献

(一)英文著作

1. Benyekhlef Karim ed., *E-access to Justice*, University of Ottawa Press, 2016.

2. Hans Kelsen, *Pure Theory of Law*, trans. by Max Knight, University of California Press, 1967.

3. Jacobsohn J. Gary, *Constitutional Identity*, Harvard University Press, 2010.

4. Katsh Bthan, *Digital Justice, Technology and the Internet of Disputes*, Oxford University Press, 2017.

5. Lawrence Lessig, *Code 2.0*, Basic Books, 2006.

6. Oliver Williamson, *The Economic Institutions of Capitalism*, Free Press, 1985.

7. Richard Susskind, *The End of Lawyers? Rethinking the Nature of Legal Services*, Oxford University Press, 2010.

8. Richard Susskind, *Tomorrow's Lawyers: An Introduction to Your Future*, Oxford University Press, 2013.

9. Richard Susskind, *The End of Lawyers? Rethinking the Nature*

of Legal Service, Oxford University Press, 2010.

10. Richard Susskind, *The Future of Professions, How Technology will Transform the Work of Human Experts*, Oxford University Press, 2015.

11. Roscoe Pound, *Interpretation of Legal History*, Cambridge University Press, 1923.

12. Yuval Noah Harari, *Sapiens, A Brief History of Humankind*, Vintage Books, 2014.

(二)英文论文

1. American Bar Association, *Legal Technology Survey Report: Litigation and Courtroom Technology*, 2014.

2. Anthony D'Amato, *Can/Should Computers Replace Judges?*, Georgia Law Review, 1977.

3. Bailiey Jane, Jacquelyn Burkell & Grahm Reynolds, *Access to Justice for All: Towards an "Expansive Vision" of Justice and Technology*, Windsor Yearbook of Access to Justice, 2013.

4. Barry R. Weingast, *Second Generation Fiscal Federalism: The Implications of Fiscal Incentives*, Journal of Urban Economics, 2009.

5. Barry R. Weingast, *The Economic Role of Political Institutions: Market-Preserving Federalism and Economic Development*, Journal of Law, Economics, & Organization, 1995.

6. Bordone Robert, *Electronic Online Dispute Resolution: A Systems Approach-Potential, Problems, and a Proposal*, Harvard Negotiation Law Review, 1998.

7. Bulinski, Maximilian, *Online Case Resolution Systems: Enhancing Access, Fairness, Accuracy, and Efficiency*, Michigan

Journal of Race and Law, 2016.

8. Duca Louis, *Facilitating Expansion of Cross-Border E-Commerce: Developing a Global Online Dispute Resolution System*, Penn State Journal of Law and International Affairs, 2012.

9. Edwina L. Rissland, *Artificial Intelligence and Law: Stepping Stones to a Model of Legal Reasoning*, Yale Law Journal, 1990.

10. Edward R. Canda, *Filial Piety and Care for Elders: A Contested Confucian Virtue Reexamined*, Journal of Ethnic and Cultural Diversity in Social Work, 2013.

11. Fredric Lederer, *Wired: What We've Learned about Courtroom Technology*, Civil Justice, 2010.

12. Frank H. Easterbrook, *Cyberspace and the Law of the Horse*, The University of Chicago Legal Forum, 1996.

13. Friedrich Hayek, *The Use of Knowledge in Society*, American Economic Review, 1945.

14. J. C. Smith, *Machine Intelligence and Legal Reasoning*, Chicago-Kent Law Review, 1997.

15. Lawrence Lessig, *The Law of the Horse: What Cyberlaw Might Teach*, Stanford Technology Law Review, 1999.

16. Lavi Dafna, *Three is not a Crowd: Online Mediation-Arbitration in Business to Consumer Internet Disputes*, University of Pennsylvania Journal of International Law, 2016.

17. Raymond Anjanette, *Technology, Ethics, and Access to Justice: Should an Algorithm Be Deciding Your Case?*, Michigan Journal of International Law, 2014.

18. Samuel D. Warren & Louis D. Brandeis, *The Right to*

Privacy, Harvard Law Review, 1890.

19. Teitz Louise, *Providing Legal Services for the Middle Class in Cyberspace*, Fordham Law Review, 2001.

20. Thomas C. Grey, *Origins of the Unwritten Constitution: Fundamental Law in American Revolutionary Thought*, Stanford Law Review, 1978.

21. William L. Prosser, *Privacy*, California Law Review, 1960.

22. Yingyi Qian & Barry R. Weingast, *Federalism as a Commitment to Preserving Market Incentives*, The Journal of Economic Perspectives, 1997.

后　记

2017年4月我完成博士阶段的研究，入职浙江大学光华法学院，成为互联网与法学方向博士后。借由开展课题研究的机会，我开始关注互联网法院诉讼平台与诉讼规则问题。互联网法院的发展历程清晰地展现了在经济社会数字化快速发展的背景下，我国法院为适应经济社会数字化变革，自下而上地开展自我改造，生成审判新模式并自上而下复制推广的改革路径。对互联网法院的研究，使我学术研究的主要方向从宏观和中观的公法理论研讨转向对较为微观的数字时代法律制度变迁的探索。衷心感谢我的博士后合作导师朱新力教授。我博士毕业之际，尚无成果，和浙江大学也无任何交集，就业面临窘境。2017年年初我来到杭州月轮山脚下，在浙江大学光华法学院博士后应聘会现场我第一次同朱老师见面，会后学院随即通知我准备办理入站手续。朱老师建议我开展互联网法学的研究，并在后续的研究和工作中一直给予我支持和鼓励。这使我的研究兴趣开始转向数字时代的公法变迁这一具有时代生命力和不断发展的命题，研究选题从互联网法院逐步延伸到个人信息保护、公共数据授权运行、数据基础法律制度构建等问题上，在研究方法上由传统的政策规范分析转向法律实证分析的研究路径。在学院的研究和工作中，我时常寻求朱老师的支持和帮助，自己却没有给他办过什么事，干过什么活。饮水思源，高山仰止，未来只有对学生更多些宽容与理解,对自己更加严格要求,才算是不负朱老师的鼓励与期许了。

冯 洋

2023 年 4 月 18 日于杭州紫金港